U0504605

知困集

吴其尧 著

上海三联书店

目　录

序 001

第一辑　古诗文理解与英译 **001**

　如果宇文所安能关注郭在贻 003

　《西厢记》中"随喜"的英译 009

　"读书破万卷，下笔如有神"中"破"字的理解

　　与英译 013

　"三人行，必有我师焉"的理解及英译 018

　古诗词中"处"字的理解与英译 021

　中国古代典籍中"士"的英译 026

　古诗文中的"互文见义"及其英译 031

　《论语》中的"教"与"诲"及其英译 035

　"寤生"和"离骚"如何英译：读《管锥编》札记 042

　同为"鲲鹏"，含意大不同

　　——关于范存忠《毛泽东诗词》英译稿的几封通信 048

第二辑　英语学习与教学 **053**

　伦敦口音英语不是标准英语 055

《国王英语》(*The King's English*)：我所得益的一本

    英文用法书 057

从英语俗语看英国的酒吧文化 065

英国人的"厕上阅读" 070

如何阅读《爱丽丝漫游奇境记》 075

媲美原作的《古屋杂忆》的翻译 082

示播列及其他 086

译名背后 091

英语学习中如何提升阅读水平

    ——浅谈精读课的教学 094

第三辑　书评 **105**

顾颉刚与《孙子兵法》英译本 107

1666 年的那场伦敦大火 113

伊夫林的日记 121

传记中的乔伊斯 125

当不成小说家的诗人

    ——读菲利普·拉金的《应邀之作》 132

《最悖人道的谋杀》

    ——大卫·贝文顿一部重要的莎学著作 140

赫·乔·威尔斯、蔡氏姐弟和《世界史纲》 150

第四辑　杂忆与杂写 **157**

我的中学英语老师 159

回忆侯维瑞教授 165

关于王文显先生..170

陈寅恪先生的"三不讲"和"四不讲".................176

有趣的东阳方言..179

"可怜"一词有七义...182

"人间正道"和"雄关漫道".............................187

后记..190

序

顾 真

　　吴其尧老师喜爱的作家安德鲁·朗（Andrew Lang）给他喜爱的书《钓客清话》（*The Compleat Angler*）写过一篇导读，开场是："写沃尔顿，真是手执蜡烛照太阳。"前几天吴老师发来新作《知困集》书稿，让我写点随感，我脑海里顿时闪过了这一句。

　　二○○六年秋，我上大一。上外英语学院举办了一场本专业名师讲座，那是我第一次见到吴老师，第一次听他聊读书的乐趣。当时对英美文学尚缺乏基本常识，自然听得似懂非懂，却依稀感到生命里的某部分被击中了。第二学期选修了他开设的西方文论课，核心参考书是张隆溪先生的《二十世纪西方文论述评》。或许这门课对大一新生来说颇有难度，但吴老师的讲课切中要领，推荐的书目又是精心挑选过的，故而对课前有所准备的学生来说，压力恰到好处。大三选修的美国文学史课更是让我感受到了吴老师在讲台上的魅力。说实话，我们当年用的文学史教材一板一眼，有点枯燥，吴老师却从不拘泥于课本，加入了许多自己平时读书积累的素材，完全将这门课讲活了。吴老师上课还有个特点，很少像其他老师那样用 PPT，而是用一手漂亮的板书告诉我们何谓 Transcendentalism，何谓 Gilded Age，何谓 Beat Generation。上外好像从来算不上读书氛围浓厚的学校，美国文学史课又是阶梯教室的大课，但印象中教室里每次人都很多，甚至还经常有研究生来旁听。吴老师善于用约翰·萨瑟兰（John Sutherland）式的文坛趣事让课堂充满生气，与此同时，他也不忘在我们神游得太"豀边"时稍稍帮我们稳一下脚步，说固然"历史是一个大掌故"，八卦可充谈资，还是要踏踏实实读书，文学史譬如树木的枝干，文学经典好比树叶，好比果子，只有多读作品才能避免空洞与浮浅。

从吴老师那里，我们知道了许多不一定很有名却值得一读的作家和作品，中国的，外国的，经典的，当代的。我们知道了在并不遥远的过去，曾出现过王佐良、杨周翰、周珏良等一代英语大家。我们知道了"大牛津"（OED）不仅是一部词典，更是一段传奇，是可以相伴一生的挚友。我们知道了读英译俄国文学要读康斯坦斯·加内特（Constance Garnett）的译本，知道了缪斯女神只授予过两个人博士学位，一个是约翰生博士（Samuel Johnson），一个是利维斯博士（F. R. Leavis）。书呆子气的人难免会有"余生也晚"的情结，执拗地觉得自己错过了文化昌盛的黄金时代。其实一百年前的人何尝没有这种感叹。吴老师说，课堂和书本上能学到的东西终归是浮泛而有限的，更要紧的是去图书馆多认识些"老先生"，这样才能多少摆脱自己所处时代的局限，不薄今人爱古人，收获会让人终身受益。其实当年我们已经开始面临英文系的出路问题，是吴老师帮我们建立信心，知道了念英文系到底有什么意义。

《知困集》是吴其尧老师多年读书、治学的心得集成。四辑的题材、语言和写法各有特点，字里行间映出的却都是那个坠入字网，和中英文打了半辈子交道的赤诚学人。第一辑名为"古诗文理解与英译"，是他近年来学术关注的重点。这些文章往往从中国古典作品中的一句话（如《论语》中的"三人行，必有我师焉"），一个词（如《西厢记》中的"随喜"），一个字（如"读书破万卷，下笔如有神"中的"破"）出发，旁征博考，阐幽抉微。吴老师提到的一些作品我也读过，但很多时候就算碰到不懂的地方，也会用那句"不求甚解"作为偷懒和逃避的借口，平时遣词造句也多有随意之处，现在想来，这对从事文字工作的人来说实在不是什么好习惯。读这些文章，是最能让人仿佛再次置身大学课堂之上的，于我是珍贵的体验。

这一辑文章的信息量很密，造成了一定的阅读门槛，但吴老师写的绝不是冰冷的学究之文，所有的探寻与求索，出发点都是对文字无法抛却的热爱。《古诗词中"处"字的理解和英译》是最好的例子。文章先以三十年前的回忆开篇，写他大学期间翘翻译课去听中文系古典文学课，记下了日本学者对中国古诗词中"处"字用法的论断，心中存疑，从此读书格外留意，随后写到他前几年购得中华书局《诗词曲语辞辞典》，读到王锳先生的序言，多年的困惑终于冰释。一颗种子埋在心里那么多年尚能发芽，没有为琐事所磨耗，没有为俗务所扼杀，一定是细心浇灌的结果。而能解决这样的问题，带给吴老师的激动与满足是无与伦比的："我不知道王锳和日本学者谁发现在先，也不知道他们互相是否有所借鉴，不管怎样，他们的研究得到了一致的结果。我读到此处，不禁拍案叫绝，当时的兴奋程度，不亚于天文学家发现了一颗行星。"

吴老师常说，我们的专业是"英语语言文学"，所以既要练语言，也要读文学、懂文化，更何况对语言的掌握本就建立在对其背后更深层次东西的理解之上。第二辑和第三辑中的文章在在体现了他的知行合一。比起第一辑中严密的考证和详尽的材料罗列，这十多篇文字调整了笔法，主要以趣味为指引，聊英美文化，品新旧书籍，很多片段想来是经年思考后的妙手偶得。梭罗说，写作就像农民在牛轭上烧洞，要第一时间把用火烧热的铁放到木头上，因为每多等一刻，想穿透木头就多一分困难。吴老师的看法近似梭罗，说写作的热情很宝贵，千万不能放任其冷却。这两辑中的文章尤其给人以文气贯通之感，我想原因就在于此。

　　"杂忆与杂写"一辑里的文章又是另一番风致。吴老师以朴实而怀旧的文字回望故乡，追忆故人，笔底淌出无限的真情。作为他的学生，我也是读了《我的中学英语老师》一文才知道原来他是从高中才开始学习英语，而且起初并没有开窍，一度跟不上进度。考虑到他如今的英文造诣，不禁让人想起老苏"年二十七，始发奋读书"的故事。那位给予他关键指点的楼老师的一生，更是映射出个人际遇在时代翻覆前的脆弱，但他从未放弃自己。《回忆侯维瑞教授》一篇情真意切，字字动人。我们这一代上外学子只听过侯教授的大名，读过侯教授的著作，却无缘见识侯教授的风采。吴老师这篇文章多少弥补了这一遗憾。侯教授治学严谨，他在批改学生论文时写上的那一个个"nonsense"，令人在会心一笑之余，感慨师生关系的今时不同往日。而在勾勒出恩师音容的同时，作者也仿佛将那个二十多岁、刚踏上问学之路的自己召唤了回来——读罢此文，现在的吴老师、我大学课堂上的吴老师和青年时代的吴老师，三个身影在我眼前悄然交叠在了一起。

　　毕业后进入出版社工作，一直和吴老师保持联络，时常在微信上聊读书，隔几个月出来坐坐，还有幸当了他的编辑。看吴老师《纯真年代》《都柏林文学四杰》等译稿的过程中，每每感叹他对原文理解之透彻，中文表达之地道，句法运用之灵活。《困学集》中的文章我几乎是第一时间的读者。在离开学校这么多年后，还能以一种特别的形式回到那几乎是人生中最重要的四年的时光里，还能同一直尊敬的老师做朋友，我心怀感激。

　　记得在某门课的最后一节课上，吴老师说，他知道选他课的学生不可能人人都认真听讲，也知道他教的内容不可能在人人那里都有回响，但只要这个教室里有三五个学生真正学到了东西，真心愿意跟他一起去文学的世界里看看，他的课就没有白开。踏入社会的这些年，每当我开始患得患失地衡量付出与回报的两端时，吴老师的这段话便会在我脑中响起。《知困集》里收入了一篇精彩的书评《传记中的乔伊斯》，有个片段我很喜欢。塞缪尔·贝克特和乔伊斯在巴黎侨居期间过从甚密。贝克特不仅是乔伊斯家的常客，还充当速记员角色。一次乔伊斯正口授《芬尼根的守灵夜》片段，这时有人敲门，贝克特因为专心记录没有听到敲门声，乔伊斯说了一声"进来"。后来贝克特把记下的内容读给乔伊斯听，乔伊斯问："那个'进来'是怎么回事？"贝克特答："是您说的。"乔伊斯想了想说："就这样吧，不用改了。"如果这几段拉杂写下的话能成为吴其尧老师新书里的这一声"进来"，我将万分荣幸。

第一辑

古诗文理解与英译

如果宇文所安能关注郭在贻

　　语言学家王力先生说：学习古代汉语最重要的是词汇问题。可谓一语中的。克服词汇学习的困难就要懂一点训诂学知识，我国传统语言学中的训诂学就是以字义或词义作为研究对象的。训诂学是解释古代书面语言并进一步阐明为什么可以这样解释的一门学问。要正确理解古诗文的含义，必须具有训诂的修养、掌握训诂的法则。最近有机会读到已故浙江大学（原杭州大学）教授郭在贻先生《新编〈训诂丛稿〉》一书，深感新见迭出，胜义纷呈，洵为好书。尤其是《唐诗与俗语词》《杜诗异文释例》与《杜诗札记》诸文，读后大有耳目一新之感。正好又在翻看美国学者、哈佛大学荣休教授宇文所安（Stephen Owen）翻译的杜诗（*The Poetry of Du Fu*）。两相对照，发现宇文所安所译杜诗虽然精准到位，但也有不少瑕疵。如果宇文所安教授翻译所据的杜诗校注校释本，能吸收郭在贻先生的研究成果，也许就可以减少翻译上的舛误之处，使之更臻完善。试举数例如下。

　　　　　　　　“江畔独步寻花七绝句”之二
　　　　　　　　　稠花乱蕊畏江滨，

行步欹危实怕春。

诗酒尚堪驱使在，

未许料理白头人。

末句中的"料理"一词，常见于诗词及唐宋笔记中。近人张相《诗词曲语辞汇释》卷五"料理"条下凡列四义：安排、帮助、排遣、逗引。郭先生认为，除了张氏所列四义外，还应增加一义，即"做（作）弄"或"戏侮"。郭先生引卢祖皋《谒金门》词为例："做弄清明时序，料理春醒情绪"，说明"料理"跟上句中的"做弄"相对应，应是"做弄"之意。后两句诗可以解释为：别看我已垂垂老矣，可我还能赋诗饮酒，我并不服老。春光呀，你不要欺侮（或做弄，或撩拨）我这个白头人吧。郭先生的解释与钱锺书先生《管锥编》中将"料理"解释为"相苦毒""相虐侮"之义不谋而合。宇文所安将后两句译为：

But，still able to be commanded by poetry and ale，

I need not yet be watched over as a white-haired old man.

"料理"译成了watched over（照管，照看），显然处理欠妥，译作fooled，teased 或 humiliated 更好。

郭先生在《唐诗与俗语词》一文中说："努力"一词，今义为"勉力、用力或出力"，但在六朝以迄隋唐，"努力"又有"保重、自爱"之意。杜甫《别赞上人》一诗中有"相看俱衰年，出处各努力"句。这里的"努力"就是"保重、自爱"的意思。宇文所安译为：

We look at each other，both in waning years，

Let us each do our best，whether serving or withdrawn.

"努力"译成了今义，实际应为 take care of oneself 或 love oneself。

　　最有意思的是《彭衙行》一诗最后四句："痴女饥咬我，啼畏虎狼闻；怀中掩其口，反侧声愈嗔。"郭先生的考释极为确当："痴女饥咬我"中的"咬"字是"求恳"之义。这四句诗的意思是说杜甫的女儿因饥饿而恳求于杜甫，死死地缠住不放，并非饿得来要吃老子的肉。女儿哭着恳求，所以父亲赶紧捂住她的嘴，怕虎狼听见哭声，可是她被捂得透不过气来，便竭力挣扎，声音于是越发愤怒了。以逻辑而言，女儿不可能边啼哭边咬人，而且被捂住的嘴也无法咬人。宇文所安将这四句译为：

My baby daughter bit at me in her hunger，

I feared tigers and wolves would hear her cries.

I held her to my chest and covered her mouth，

She twisted and turned，her voice even more upset.

这里的 bit at 显然是译成"咬"的今义了。而按照郭先生的考释，应该译为 entreat 或 implore 更好。

　　杜甫《丽人行》一诗中有"后来鞍马何逡巡，当轩下马入锦茵"两句，宇文所安译为：

A saddled horse comes later—how leisurely it advances！

at the great carriage he gets off the horse and goes in on the brocade
mat.

郭先生认为"逡巡"是习见于唐诗的俗语词,其义既可以是"舒缓、迟延",也可以是"迅疾、短暂"。这里的"逡巡"则是快速之意,形容杨国忠的车马横冲直撞,显示骄横之态。旧解"姗姗来迟"是不符合当时的情状的。所以英文应该译为 how quickly it advances 较妥。

还有一处是考释"何许"一词的,也颇为有意思,不妨在此一说。郭先生认为陶渊明《五柳先生传》"先生不知何许人也"的"何许人",应该是"何所人",亦即"何处人",而不是注家所说的"何等样人"。郭先生引了大量例证,证明立论非虚。方重先生将这句话译为:The man cannot be identified,不妥! 倒是孙大雨先生的译文准确无误:No one knows whence the Sire hails.

郭先生这本书由其弟子张涌泉先生和郭先生哲嗣郭昊编选而成,浙江大学出版社将之列入"百年求是学术精品丛书"。全书分为五大部分,共计三十三篇文章,可以说篇篇精彩,值得一读再读。

我们在英语学习中也要注意词语意义的变化,如果拿今义去理解古义,就难免会解错义,翻译也会跟着错。要避免犯错就要勤查词典,尤其是 *OED*(*Oxford English Dictionary*),试举莎士比亚作品中的 happiness 一词为例,*OED* 给出了三个解释:

1. Good fortune or luck in life or in a particular affair; success, prosperity.

Shakespeare's *Two Gentlemen of Verona* Act I Scene 1 Line14

Wish me partake in thy happinesse

When thou dost meet good hap.

梁实秋译本：你若是遇到什么得意的事，要盼着我分享你的幸福。

朱生豪译本：当你得意的时候，也许你会希望我能够分享你的幸福。

这里的 happiness 似不应翻译成"幸福"，而是"好运""成功"。

2. The state of pleasurable content of mind，which results from success or the attainment of what is considered good.

Shakespeare's *Cymbeline* Act V Scene 5 Line 26

To sour your happinesse，I must report the Queen is dead.

梁译：虽然扫你的兴，我不能不报告王后死了。

朱译：不怕扫了你的兴致，我必须报告王后已经死了。

Happiness 在这里是"兴致"的意思。

3. Successful or felicitous aptness，fitness，suitability，or appropriateness；felicity of expression.

Shakespeare's *Hamlet* Act II Scene 2 Line 213

How pregnant sometimes his replies are?

A happinesse that often madnesse hits on.

梁译：他的回答有时候是何等地巧妙啊！疯人偏能谈言微中。

朱译：他的回答有时候是多么深刻！疯狂的人往往能够说出理智清明的人所说不出来的话。

卞之琳译本：他的对答有时候多有意思！疯有疯福，往往出口成章。

黄国彬译本：发疯的人说话，往往一针见血。

林同济译本：疯里撞灵机，脱口生妙趣。

王宏印译本：人疯而言谈不疯，非理智清明之常人所能言中。

这里的 happiness 也不是"幸福""快乐"义，而是"恰当""合适"之义。

（发表于 2020 年 2 月 14 日《上海书评》）

《西厢记》中"随喜"的英译

朋友从美国寄来王实甫《西厢记》的两种英译本，疫情期间禁足在家，正好拿来消遣度日。书架上有两本中文原著《西厢记》，一本是上海古籍的王季思校注本，还有一本是人民文学出版社的张燕瑾校注本，都是权威版本。英译本则分别是熊式一的 *The Romance of the Western Chamber*，与奚如谷（Stephen H. West）、伊维德（Wilt L. Idema）的 *The Story of the Western Wing*，据我所知也属权威译本。对照英译本读原著往往会有意外的惊喜，那就是原来自以为理解的词语和表达，看了译文后才发现自己之前的理解是错误的。这样的例子举不胜举，此处不赘。本文只谈谈"随喜"一词的翻译。

《西厢记》第一折："随喜了上方佛殿，早来到了下方僧院。行过厨房近西、法堂北、钟楼前面。"王季思先生给"随喜"一词的注释是："本佛家语，谓见人行善，随之而生欢喜心也。"张燕瑾先生的注释更加详细："佛家语，本指见人行善做功德，随之而生欢喜之心，又称随己所喜为随喜，比如布施，富者施以金帛，贫者施以水草，各随所喜，皆为布施。"王注又进一步注释道："杜诗'随喜给孤园',则又以游谒寺观为随喜矣。"张注同引杜甫诗句,说:"后称游览佛寺为随喜。"所以,"随喜"一词的意思是:一、行善或布施(join in charitable deeds; distribute or give alms);二、游览或游谒(visit Buddha temples)。

我们接着来看英译。熊式一译为 With great delight I have seen the Hall of Buddha above。熊先生加上了 with great delight,有望文生义之嫌,纯属蛇足。两位美国学者译为:Having gladdened my heart by visiting the Buddha hall above。这里的 gladdened my heart 同样多此一举,也难免望文生义之嫌。由此看来,三位英译者都误解了"随喜"一词的含义。

出于好奇,我找出宇文所安(Stephen Owen)所著 Poetry of Du Fu 一书中对"时应清盥罢,随喜给孤园"这句杜诗的翻译:Sometime I should just wash my hands, and emulate the joys in Jetavana Park. 宇文所安也给"随喜"一词加了一条注释:emulate the joys, is a Buddhist term referring to the delight in observing the good actions of others. 很显然,这是取"随喜"的第一义,即"见人行善而生欢喜之心"。其实,这句杜诗中"随喜"的意思应该是第二义"游览或游谒"(to visit or visiting the Jetavana Park),宇文所安译错了。

为了备课之需,今天翻阅了钱歌川先生的《翻译漫谈》(中国对外翻译出版公司,1980 年版),惊喜地发现钱先生指出了《西厢记》另一英译者 Henry H. Hart 将"随喜"一词误译为"进入"(have entered):Wandering aimlessly, I have entered the Buddha's shrine. 不过,钱先生没有察觉到,Henry H. Hart 望文生义的地方其实在于将"随喜"的"随"字译为"随意地""漫无目的地"(wandering aimlessly),而不是误译成了"进入"。钱先生进而指出,赛珍珠曾荒乎其唐地将《水浒传》里 "也要来请贤妹随喜" 照字面译成 "随便你怎样喜欢" (I have long desired to come hither and invite you, my Good Sister, to go there and take your pleasure as you please), 简直未能达意。在《水浒传》第四十五回 "杨雄醉骂潘巧云,石秀智杀裴如海" 中,裴如海对潘巧云说过: "敝寺新造水陆堂,也要来请贤妹随喜",这里的 "随喜" 应是 "游览" 之意。我查了上海外语教育出版社登特-杨父子 (John and Alex Dent-Young) 翻译的 *The Marshes of Mount Liang*,以及外文出版社沙博理 (Sidney Shapiro) 翻译的 *Outlaws of the Marsh*,发现两位译者对 "随喜" 的理解都基本正确。外教社译本: Our temple has just built a new oratory for the souls of those who suffered violent death by land or water. I would have asked you to come and view it. 外文社的译本: We've built a new Hall for the Spirits on Land and Sea. We wish you would honor us with a visit and look it over.

行文至此,突然想到 "随喜" 一词的词义是否在现代汉语的语境里发生了变化? 于是查阅了第六版的《现代汉语词典》,果然,《词典》里增加了 "随喜" 的含义: "……也指随着众人做某种表示,或愿意加入集体送礼等",分别举了例子: "随喜拍手喝彩" "随喜,随喜! 也算我一份儿。" 看到 "随喜拍手喝彩" 这个例子,我觉得十分熟悉,因为《现代汉语词典》里的很多例子都来自文学作品。我想,这个例子很可能取自鲁迅的作品。果然,翻检人民文学出版社《鲁迅全集》,在第一卷 416 页的《呐喊自序》里看到 "……我在这一个讲堂中,便须常常随喜我那同学们的拍手和喝彩"。这里的 "随喜" 正是 "随着众人加入某种表示" (join in an enjoyable activity) 的意思。书架上正好还有一套杨宪益夫妇翻译的

Lu Xun：*Selected Works*，翻到第一卷第 35 页，"随喜"的英译赫然
在目：... and I had to join in the clapping and cheering in the lecture hall
along with the other students.

（发表于 2020 年 4 月 1 日《上海书评》）

"读书破万卷，下笔如有神"中 "破"字的理解与英译

　　著名语言学家、四川大学教授张永言先生所著《语文学论集》（复旦大学出版社，2015年版）是其三部重要语言学著作（另外两部是《词汇学简论》和《训诂学简论》）中的一部，早年在语文出版社曾一版再版，深受读者喜爱。徐文堪先生认为这是一部将我国传统语文学和现代语言学相结合的学术著作，值得语文学工作者参考。我读了此书深感徐文堪先生的评价不虚，张永言先生学问渊雅精深，中外兼通，既继承了我国传统语言学的丰富遗产，又吸收国外汉学家的研究成果，突破了前人局限，扩大了研究范围，解决了很多历史上悬而未决的训诂难题。因之，张先生的学术研究成果受到国内外学者的重视和好评是理所当然之事。

　　《语文学论集》中"李贺诗词义杂记"一文拈出李贺诗歌中一些词在历代注释中的歧义，旁征博引，详加辨正，结论公允，极具说服力。文章首先讲到了"破"字在李贺诗中的意义。张先生认为，"破"字是唐代口语词，诗歌中常见，他列出了大量使用了"破"字的诗句，其中有为大家所耳熟能详的杜甫诗"读书破

万卷，下笔如有神"。笔者平时雅好诵读古诗词，近人张相先生的《诗词曲语辞汇释》（中华书局，1979 年三版）是手头必备的工具书，遇到读不懂读不通的词语词汇每每求助于它，而通过查阅《辞源》或《诗词曲语辞汇释》问题一般总能得到解决。张文中对杜诗此句"破"字的解释，基本上沿用了《诗词曲语辞汇释》。张相先生列举了"破"字在古诗词曲中的五种含义，其中解释"读书破万卷"中的"破"为"尽也；遍也"。"破万卷"，犹云"尽万卷"或"遍万卷"也。再引宋代邵雍《秋怀》诗："良月满高楼，高楼仍中秋……照破万古心，白尽万古头。"指出"破"与"尽"互文，"照破"犹"照尽"。张永言先生则引了杜甫本人的诗：《八哀诗·赠左仆射郑国公严公武》"阅书百纸尽，落笔四座惊"。来说明"破"义犹"尽"。颇为有趣的是，两位张先生都引了杜甫另外两首诗中"破"的用法，但解释却不同。杜甫《白帝楼》诗："腊破思端绮，春归待一金。"《绝句漫兴》九首之四："二月已破三月来，渐老逢春能几回？"张相先生认为杜诗中的这两个"破"字意为"过"，同时引《宋百家诗存》李弥逊《春日杂咏》"二月忽已破，一春强半过"来说明"破"与"过"互文。张永言先生则认为杜诗中的这两个"破"字仍可解释为"尽"，并引元稹《酬复言长庆四年元日郡斋感怀见寄》诗："腊尽残销春又归，逢新别故欲沾衣"来证明"腊破"即"腊尽"。顺便说一下，这里的"腊"是"腊月"之意，《辞源》解释为"夏历十二月"。顾随先生在其《驼庵诗话》里也把杜诗"二月已破三月来"中的"破"解释为："完"、"尽"、"过"。并且进一步解释说："破"字太生，"来"字又太熟。"破"字不是生便是土，但老杜便如此用。（《驼庵诗话》第 153、154 页）另外，"破"作"尽"解在现代口语中也仍有沿用，我们平时会说"想破脑筋"、

"用破心思"等。

　　综合两位张先生的意见，我认为："读书破万卷"中的"破"不妨解释为"尽"、"遍"、"过"。清代学者仇兆鳌《杜诗详注》对于"读书破万卷"中的"破"字列举了三种解释，一是："胸罗万卷，故左右逢源而下笔有神"；二是："书破，犹韦编三绝之意。盖熟读则卷易磨也"；三是："识破万卷之理"。（见《杜诗详注》，第65页，中华书局，2015年版）后人把仇兆鳌对"破"字的解释概括为"三破"：突破、磨破、识破。如此概括"破"字含义似也都讲得通，表现了诗歌语言"虚涵数意"（polysemy，manifold meaning，plurisignation）（钱锺书语，见《七缀集》"林纾的翻译"，第79页，上海古籍出版社，1985年版）的修辞特点。钱锺书先生在《管锥编》（第589页）中引用李光地《榕村语录》"句法以两解为更入三昧"和王应奎《柳南随笔》"诗以虚涵两意见妙"之说来说明诗歌语言一字多义的特点，见解颇为精到。人民文学出版社萧涤非先生的《杜甫诗选注》一书中将"破"解释为"吃透"，则仅仅取了仇兆鳌"三破"中的"识破"一意，不免有些狭隘。

　　"读书破万卷，下笔如有神"该如何翻译成英文呢？笔者平时读书不多，涉略不广，仅搜集到三种较为权威的译文。首先是美国著名汉学家、哈佛大学荣休教授宇文所安（Stephen Owen）在其 *The Poetry of Du Fu* 一书中的译法：In reading I wore out ten thousand scrolls, I seemed helped by the gods when using my brush. 宇文所安教授将"破"译为 wear out，显然是采用了"磨破"之意。其次是新西兰诗人路易·艾黎的译文（《杜甫诗选》，*Du Fu Selected Poems*，外文出版社，2008年一版）：Studied hard, read widely; My pen seemed inspired. 艾黎的译法较为笼统，将"破"译为 read widely，广泛涉略之意，没有译出"破"字的含义。另外一种译文是我从网上搜得的，据说是许渊冲先生所译：Having ten thousand volumes read, I wrote as if by God I was led. 从将两句诗译为押韵的情况来看，符合许先生一贯的译诗风格。Having read "读了"，似乎并不能完全反映"读尽"、"读遍"之意，勉强可以说是"读过"，但这个"过"尚不能理解为"突破"或"超过"。我建议，"读书破万卷，下笔如有神"不妨译为：Having pored over ten thousand volumes，my writing brush seems to work like magic. "破"字译为 having pored over 庶几可以涵盖"破"字的"读尽"或"读遍"之意。有人也许会认为这样翻译违反了英语语法中的"依着原则"（attachment rule），即 -ing 分词在句中起关系分句或状语分句作用时，其逻辑主语应该是主句的主语，这种语法结构通常是通过其逻辑主语对主句发生依着关系。按照传统的规定语法（prescriptive grammar），拙译是一个"病句"；但是当代描写语法（descriptive grammar）对这种"无依着"现象比较宽容，认为只要语义明了，不会引起歧义，不会出现费解情况，都应可以接受。（章振邦《新编高级英语语法》第 218 页，上海外语教育出版社）

最后，我想申明一下，读过我发表在《上海书评》上文章的读者或许会误解，以为我对宇文所安教授翻译的杜甫诗歌持否定态度，因为我在其中的两篇拙文中指出了宇文所安教授译得不妥甚至错误的地方。其实不然，宇文所安教授翻译的杜诗是我目前看到的最为出色的，精到之处在在皆是，试举两例：《绝句漫兴》九首之四中"二月已破三月来，渐老逢春能几回"。宇文所安教授的译文是：The second month is already through，the third month comes along. 用 through 来译"破"十分确当。又《八哀诗·赠左仆射郑国公严公武》"阅书百纸尽，落笔四座惊"：Examining books，a hundred sheets were finished，setting brush to paper，all his guests were amazed. 也属精确无误。所以，如果要我推荐杜诗英译的最佳译本，我会毫不犹豫地将宇文所安的译本列为首选。

　　拙文在《上海书评》上发表后，收到两位读者的反馈意见。一位读者为"读书破万卷，下笔如有神"提供了三种译文：Over ten thousand volumes well-thumbed，my writing seems to come with magic；Over ten volumes so well-thumbed，I find myself an author with magic；和 Over ten thousand volumes well-thumbed，I'm able to write with godlike ease. 感谢这位读者的建议。我认为他的译文都很好，值得在此一记。另一位读者认为："破"字的语内语境是"卷"，语外语境是指唐朝以前，书卷都是打开展读的，所谓"批阅"或"披览"，"破"音似"批阅"的合读音，一如"小孩子们"在合肥方言中合读为"侠们"。据此，"读书破万卷"译作 wear out ten thousand scrolls 或 read widely/extensively 皆可。Pore over 倒是译出了"破"字的谐音，但万卷书岂能都聚精会神地读？所以，pore over 用力过猛，反而违背了博览万卷以增广见识的原意。这位读者的意见启人心智，不妨也录而存之，以供参考。

（发表于 2021 年 1 月 1 日《上海书评》）

"三人行，必有我师焉"的理解及英译

　　著名思想家李泽厚先生于 2021 年 11 月 3 日在美国科罗拉多州的寓所中去世。连日来，这一消息受到国内各界极大关注，缅怀和纪念李先生的文字频频见之于报端和各种媒体，李先生不同时期的著作也被屡屡提及。我作为李先生著作的读者，也为李先生的不幸去世深感痛惜。在李先生的大量著作中，《美的历程》和《论语今读》也许不是先生的代表作，但它们予我本人印象最深、获益至巨。《美的历程》是我在中学阶段读到的最能启人心智的读物之一，《论语今读》则自出版之日至今一直伴随着我，教学研究之余常常翻阅学习，从先生对《论语》各章的"译"、"注"、"记"中所受启迪良多。今仅举一例以申说之。《论语·述而第七》第 22 章：子曰："三人行，必有我师焉：择其善者而从之，其不善者而改之。"先看李先生的"译"："三个人一起走路，也定有值得我学习的老师。选择优点而学习，看到短处而改正自己。"简明扼要。再看先生从卷帙浩繁的各家注释中择取的"注"："《朱注》：三人同行，其一我也。彼二人者，一善一恶，则我从其善而改其恶焉，是二人者皆我之师也。尹氏曰：见贤思齐，见不贤而内自省，则善恶皆我之师，进善其有穷乎？"选择至当。最能予人教益、启人心智的是先生的"记"："谦虚好学至此，与今日目中无人者大异。为什么是'三人'？朱注与'见贤思齐，见不贤而内自省'章相通，但未免过于死板可笑。其实是说，即使只有两人同行，也仍然有可以学习的对象和事情。"李先生所说"谦虚好学"，不可"目中无人"，道理至简，似乎无甚高明之处。其实不然，李零先生在《丧家狗：我读论语》中对这句看似平淡无奇实则颇有意思的话有切中肯綮的评论：（这句话）主要是对批评知识分子有用。知识分子是知识分工体系下的精神残废，瘸子看不起瞎子，瞎子看不起瘸子，认两狗字，就以为谁都不如他心明眼亮，手中有真理，错当杀人刀，特拿自个儿当葱，逮谁灭谁。其实，仔细想想，谁不比你强？李零先生的评论稍嫌刻薄，他还不无感慨地说：我就佩服各种有特殊技能的人，特别是知识分子以外的人，工人、农民、运动员和艺术家。两位李先生都是我所敬佩的大知识分子、大学问家，他们对孔子这句再平淡不过、被王朔嘲笑为"废话"的名言作出的解读却发人深省。

不妨说，这句话看似平淡无奇，实则内涵丰富。即使从语言表面来看其实也是有不少歧解的。首先，孔子说的"三人"究竟是几个人？王力主编的《古代汉语》中说：等于说几个人，并非确指"三"。上引李泽厚《论语今读》中的朱熹注解则明确为三人，其中一人是"我"。钱穆的《论语新解》也从朱注：三人行，其中一人是我。杨伯峻的《论语译注》则说：几个人一块走路。李零的解释是：我和两三个人同行。其次，"行"字到底是"走路"还是"言行"？比如清代学者刘宝楠在《论语正义》中就认为是"言行"。最后，"善者"和"不善者"究竟是指"人"还是"行为"或"品质"？比如，刘宝楠就说：三人之行，本无贤愚，其有善有不善者，皆随事所见，择而从之、改之，非谓一人善，一人不善也。

正因为有上述不同的理解，所以会有下列不同的英译（择取四家权威译本）：

Arthur Waley

Even when walking in a party of no more than three I can always be certain of learning from those I am with. There will be good qualities that I can select for imitation and bad ones that will teach me what requires correction in myself.

辜鸿铭

When three men meet together, one of them who is anxious to learn can always learn something of the other two. He can profit by the good example of the one and avoid the bad example of the other.

刘殿爵

Even when walking in the company of two other men, I am bound to be able to learn from them. The good points of the one I copy; the bad points of the other I correct in myself.

林戊荪

Walking in the company of others, there is bound to be something I can learn from them. Their good traits I follow, their bad ones I try to avoid.

上述四家译文各有千秋，我个人更喜欢林戊荪先生的译文。

这句话虽然在语言上有歧解，但所表达的意思则是明确的，也就是一个人应该随时虚心向他人学习，他人的优点自然需要学习，即便是他人的缺点也同样值得注意，可以借以审视自己。

（发表于 2021 年 12 月 16 日《新民晚报》"夜光杯"）

古诗词中"处"字的理解与英译

　　进入正题之前，首先容我讲述一段陈年往事。大约三十年前，我还是一所师范大学的学生。有一天翻译课老师发现大家对他那天所讲的内容兴趣不大，无奈而有些感慨地说：如果你们觉得我的课没有什么可听之处，不妨可以去图书馆看看书或去其他系听听课，但不许回寝室睡觉或去城里逛街。老师的由衷之言令人深为感动，作为学生的我觉得实在不能虚度青春，应该珍惜韶华，于是决定下次翻译课去中文系听听古典文学课。当时觉得这样做没有什么不妥，直到自己也做了多年的老师之后，越想越觉得后怕和不安。后怕的是，我如果也像当年的老师那样跟学生说同样的话，我的学生会怎样呢？恐怕我话音刚落，有的学生就要从课堂上溜之大吉了。也许有些学生会给我面子，不致当即退席，但下次课肯定不会屈尊赏脸了。不安的是，我当年居然那么鲁莽！平心而论，翻译老师是十分值得尊敬的，他中英文功底扎实，自己从事过大量的文学翻译，经验丰富，善于表达，讲课对他而言并非什么难事。事实上他的课讲得也确实是异常生动，常能激发学生思考，就某些译法和他争得面红耳赤。关于这位翻译老师有机会将另文再叙，这里略过不表，总之他是一位难得的好老师。这里简单说说我当年去中文系听古典文学课的经历，记得中文系这位老师讲课并不怎么精彩，远远不如我的翻译老师。老师具体讲了什么内容已经不复记忆，只记得他用的教材是王力先生的四卷本《古代汉语》。老师讲到某个词的用法时借题发挥，说是日本学者对古汉语的研究用力甚勤，举的例子是古诗词中"处"（念四声）字的含义及用法。日本学者通过研究发现，中国古诗词中的"处"既可以表示方位，意为"……的地方"。也可以表示时间，意为"……的时候"。老师还感叹说：日本学者治学严谨，研究古汉语的深入程度有些地方甚至超过中国学者。那堂课确实给我留下了深刻印象，我听了中文系老师的感叹，对日本学者对于"处"字用法的研究持有疑问，所以至今难以忘却。

"处"字的这一用法我一直铭记难忘，读古诗词时遇到"处"字时特别加以留意。然而，读古诗词毕竟只是业余爱好而已，碰到"处"字的诗词句子不多不说，即使碰到了也不可能去仔细揣摩加以研究。后来购得张相先生的《诗词曲语辞汇释》一书，出于好奇，立即去查阅"处"字，结果竟付阙如，不免有些失望。直到前几年读到中华书局编辑部编的《诗词曲语辞辞典》（中华书局，2014年第一版），里面有一篇王锳先生为该辞典所写的序言，这篇序言让我对有关"处"字用法的疑问涣然冰释。王锳先生说岳飞的《满江红》词首句"怒发冲冠，凭栏处，潇潇雨歇"的"处"字令人费解。作者所凭靠的是栏杆，已经指明处所，为什么还在后面加个"处"字呢？它应该还有另外的含义和用法，王锳先生查遍了古今语文辞书，包括张相先生的《汇释》，仍然不得要领。于是在以后的阅读中，他也是碰到带有"处"字的句子就特别留心，凡是不能当方位处所讲的，就逐例做成卡片。最后经过排比归纳、分析研究，结果发现"处"有时不指处所，而是指时间。我不知道王锳先生和日本学者谁发现在先，也不知道他们互相是否有所借鉴，不管怎样，他们的研究得到了一致的结果。我读到此处，不禁拍案叫绝，当时的兴奋程度，不亚于天文学家发现了一颗新星。

中华书局编辑部编的这部辞典汇集了张相先生《诗词曲语辞汇释》和王锳先生《诗词曲语辞例释》里的所有条目。由此看来，这部辞典里"处"的用法应该采自王锳先生的《例释》一书。王锳先生为了解释"处"字的用法日积月累读书做卡片，付出了艰辛努力，搜集了大量的例子。本文限于篇幅不可能将这些例子尽数列出，只能选择其中较为读者所熟悉的诗词例句，窥一斑以观全豹。杜甫《述怀》诗："……汉运初中兴，生平老耽酒。沉思欢会处，恐作穷独叟。"欢会处，即欢会之际也。刘长卿《江州留别薛六柳八二员外》诗："江海相逢少，东南别处长。"别处，相别之时。顺便提一下，《王力古汉语字典》"处"（念四声）条同引刘长卿这两句诗，也标明"处"为时候、时刻。估计是采纳了王锳先生的研究所得。杨万里《儿啼索饭》诗："朝朝听得儿啼处，正是黄粱欲熟时。"高九万《归寓舍》诗："梅欲开时多是雨，草才生处便成春。"以及杜牧《见吴秀才与池妓别因成绝句》诗："红烛短时羌笛怨，清歌咽处蜀弦高。"所引三个例子中，"处"均与"时"互文。行文至此，不由得想起韩冬郎香奁诗句"蜂偷崖蜜初尝处，莺啄含桃欲咽时"和鲁迅先生《别诸弟三首》一诗中的两句："最是令人凄绝处，孤檠长夜雨来时"。还有陈独秀送给友人的一副对联："美酒饮到微醉处，好花看在半开时。"显然这些句子中的"处"也是"时"的意思。再来看词，韦庄《浣溪沙》词："暗地见时可可，却来闲处暗思量，如今情事隔仙乡。"冯延巳《舞春风》词："燕燕巢时帘幕卷，莺莺啼处凤楼空。""处"与"时"也互文。柳永《雨霖铃》词："都门帐饮无绪，方留恋处，兰舟催发。"以及辛弃疾《踏莎行》词："吾道悠悠，忧心悄悄，最无聊处秋光到。""处"表时间之义显然。王先生还在曲和散文中找到了不少例子，这里不赘。上述诸例足以证明"处"在古诗词里可以用来表示时间的事实。

我们在从事汉译外，尤其是古诗词外译时，要特别留意"处"字表示时间的用法，以免犯错。从我目前所见到的古诗词英译中，似乎还都没有注意到这一点。以岳飞的《满江红》词开头几句为例，这几句词的意思是：我满怀激愤，凭栏远眺之时，一阵骤雨刚过。许渊冲先生《唐宋词一百首》（中国对外翻译出版公司，1991年版）：Wrath sets on end my hair，I lean on railings where I see the drizzling rain has ceased. 许先生把"处"译成了"处所"（where）。许先生同样把柳永《雨霖铃》词中的"处"译为处所：At the city gate/Where we're lingering late，/But the boat is waiting for me to depart. 看来许先生对"处"字表示时间的用法完全是陌生的。徐忠杰先生《词百首英译》（北京语言学院出版社，1986年版）将岳飞《满江红》的前几句译为：My hair bristling with ire，I grimace in pain/My grip on a rail，at a lull in a rain. 应该说徐先生的译文可圈可点，at a lull in a rain 的译法其实已经包含了时间观念了。浙江师范大学的卓振英教授从事古诗词翻译有年，积累了丰富的经验，他在《华夏情怀——历代名诗英译及探微》（中山大学出版社，1996年版）一书中也没有译出"处"表时间的含义：I lean on the railings，/Bristling in righteous wrath，/The spatt'ring rain beginning to withdraw. 结合上述三位先生的译文，我建议译为 Leaning on the railings，my hair bristles with anger; and meanwhile I see the drizzling rain has ceased. 是否妥当，请高明之士有以教我。

最后，但不是最不重要的，我想趁此机会再次表达对美国哈佛大学荣休教授、著名汉学家宇文所安先生所翻译的杜甫诗歌的敬佩之情。宇文教授翻译上述杜甫《述怀》诗句如下：The Han's Fate now for the first time rises anew，/all my life I have been a lover of ale./ I yearn deeply for that moment of joyous reunion，/and fear becoming a poor and solitary old man. 他准确无误地将 "沉思欢会处" 的 "处" 译成了 that moment。我在宇文教授的启发下，将上文鲁迅先生《别诸弟三首》中的两句诗译为：The most depressing moment of all\Is to accompany a lonely lamp on a rainy night.

（发表于 2020 年 7 月 9 日《上海书评》）

中国古代典籍中"士"的英译

顷见网友在一个名为"百人百译中国文化名言"的公众号上讨论"士为知己者死,女为悦己者容"的英译,觉得颇有意思。这个公众号每日一期,每期选译一句中国文化名言,译者既有中国从事英语教学和翻译的学者,也有英语为母语的学者,译文的优劣由读者投票决定。我关注该公众号为时已久,不时翻看还常有所斩获,因此也推荐给了学生。这一期译文选了得票最高的三家:

1. A warrior dies for his bosom friend; a lady dresses for her true admirer.

2. A gentleman will give his life to the one who knows himself; a lady will show her beauty to the one who wins her heart.

3. A knight would die for his soul mate; a woman would doll herself up for her sweetheart.

公众号的编者冯雷先生写了一则按语,说明这两句话的难译之处,其中提到对"士"和"容"的理解存在争议,"士"到底是"文士"还是"武士"?这倒确实是一个问题,牵涉到对古代典籍中"士"的不同理解。理解不同,翻译自然也不同。

　　这两句话最早见于《战国策·赵策》，讲的是春秋时期晋国人豫让作为家臣为卿大夫智伯复仇的故事："嗟乎！士为知己者死，女为悦己者容。吾其报智氏之仇矣。"司马迁《史记·刺客列传》里详细记载了这个故事：**豫让者，晋人也，故尝事范氏及中行氏，而无所知名。去而事智伯，智伯甚尊宠之。及智伯伐赵襄子，赵襄子与韩、魏合谋灭智伯，灭智伯之后而三分其地。赵襄子最怨智伯，漆其头以为器。豫让遁逃山中，曰："嗟乎！士为知己者死，女为悦己者容。今智伯知我，我必为报仇而死，以报智伯，则吾魂魄不愧矣！"**

　　从《战国策》和《史记》的记载中，不难推断豫让的身份，首先他是"家臣"，在春秋时期是列国卿大夫的臣属，职务有宰、司徒、司马等，家臣不世袭，由卿大夫任免；其次他是"刺客"，即怀挟兵器进行暗杀的人。上述三种英译中有两人将"士"译为 a warrior 或 a knight，显然是从"刺客"身份将豫让理解为"武士"或"勇士"，其实不然。"士"在句中未必一定指豫让本人，此其一；"士"和"女"对举，在句中是"男人"或"男子"之意，所以不必译为"武士"或"勇士"，还有"绅士"a gentleman，此其二。

　　只要查一查《辞源》或《王力古汉语字典》就可以知道，"士"在古代典籍中的主要意思。一，从事耕种等劳动的男子，后用为对男子的美称，举《诗经·郑风·女曰鸡鸣》为例："女曰鸡鸣，士曰昧旦"。孔颖达疏："士者，男子之大号。"陈子展先生对这两句诗的翻译是："女的说'鸡叫了。'男的说'刚破晓。'"（《诗经直解》，复旦大学出版社，1994 年版）后又指未婚的男子。二，古时四民之一，士农工商，章太炎先生在《常识与教育》一文（载《章太炎的白话文》，辽宁教育出版社，2003 年版）中说四民之分最早起源于管仲，但管仲所说的士，只是预备作官作书办的材料，今日却是各种读书的人，都叫做士。王力先生的古汉语字典里也把四民之一的"士"解释为"读书人"。三，官名。四，兵士，《吕氏春秋简选》："在车曰士，步曰卒"。

所以，"士为知己者死，女为悦己者容"中的"士"取第一义，即"男子"，英译为 a man 即可。译成 a warrior、a knight 与 a gentleman，都求之过深。外文出版社有杨宪益和戴乃迭译《史记选》（外文出版社，2004 年版），其中选了《刺客传》，这两句话的英译是：Alas！ A woman adorns herself for her lover，and a true man dies for one who appreciates him. 这一译文可以说准确无误。杨氏夫妇之所以将后一句先译，是因为豫让说这两句话时语气上是有所侧重的，重点在"士为知己者死"，相当于 Just as a woman adorns herself for her lover，so a true man dies for one who appreciates him。

司马迁在《史记·报任安书》里引用了这两句话，不过他改动了一个字"士为知己者用，女为悦己者容"，司马迁为什么要改"死"为"用"呢？道理很简单，司马迁在写这封信时想说自己虽受宫刑但还不想死，觉得自己壮志未酬，还可以为知己者所"用"。另外，我大胆地推测"用"和"容"押韵，读起来朗朗上口。美国著名汉学家海陶玮（J. R. Hightower）将这两句话翻译为：A gentleman acts on behalf of an understanding friend，as a woman makes herself beautiful for her lover. 不用说是误解了"士"在句中的含义。北京外国语大学编撰的《汉英词典》，流传甚广，影响至巨，在"士"条里收了这两句话，也把"死"改成了"用"，所提供的英译就是海陶玮的。在此，我建议《汉英词典》修订时不妨采用杨宪益夫妇的英译。

据李零先生在《丧家狗：我读〈论语〉》（山西人民出版社，2007 年版）中的介绍："士"字在春秋时代以前，也就是在《诗经》的时代，其含义主要是"男子"和"武士"；春秋时代以后，"士"逐渐演变成不论出身，以读书习礼取仕，偏重文学方士的"士"，类似后世读书人的"士"，也可指从政做官的人才。这个说法是符合"士"的含义演变的。《论语》中专门论及"士"的主要有八章：孔子本人论及"士"的有六章，分见于：《里仁 4·9》《颜渊 12·20》《子路 13·20，13·28》《宪问 14·2》《卫灵公 15·9》，曾子论及"士"的一章《泰伯 8·7》，子张论及"士"的一章《子张 19·1》，此外提到"士"字的地方还有六章。我查阅了手头几种《论语》的英译本，发现英国汉学家阿瑟·韦利（Arthur Waley）基本上把"士"翻译成了"武士"（a knight），这其实是误解了"士"字的含义；辜鸿铭先生和刘殿爵先生大都把"士"翻译成了 a gentleman，没有区分"士"字含义的不同。值得一提的是，2019 年广西师范大学出版社出版的《论语英译及评注》，作者为美籍华人、耶鲁大学历史系教授金安平，译者为香港城市大学鄢秀博士，该书中作者将"士"做了区别，分别译为"读书人（受过教育的人）"和"从政做官的人"。仅举二例加以说明。《宪问 14·2》"士而怀居，不足以为士也"：An educated professional who longs for（the ease he finds at）home does not live up to the name of an educated professional.《子路 13·20》子贡问曰："何如斯可谓之士矣？"：What sort of man could be considered good enough to be in government（士）?《子路 13·28》子路问曰："何如斯可谓之士矣？"：How should a person conduct himself in order to be considered good enough to serve in government（士）? 金安平教授进一步解释说："士"的出现早在孔子之前——

他们是为从政而接受教育的人——但正是孔子道出了士人从政的要求。"士"是拥有从政所需的知识、技能和品格的人，孔子已经和子贡讨论过"士"应具备的条件，子路在这里提出同样的问题，孔子再次谈到了品德的问题，但他想要讨论的是"士"和家人、友人等亲近的人之间的关系。

说完"士"的英译，突然想到翻译"士为知己者死，女为悦己者容"时还有一个难点却是"悦己者"：是使女子喜欢的人呢（he who pleases her），还是喜欢女子的人（he who is pleased in her）？《昭明文选》里吕向的注释说："女为爱己貌者而饰其容。"于是这句话便可译成：A woman beautifies herself for the man who is pleased in her. 简单一点可译为：A woman beautifies herself for her lover.

由此看来，对古代典籍中"士"字的翻译还是需要谨慎为是，率尔操觚总是不好的，翻译错了还会影响中外文化交流。

（发表于 2020 年 5 月 12 日《上海书评》）

古诗文中的"互文见义"及其英译

　　语言学家张永言先生在《训诂学简论》一书中以"互文"为例谈及修辞手法和文词含意之间的关系，颇可予人以启发，对于我们阅读古诗文、正确理解文词含意、进而提高阅读和欣赏古诗文能力均有助益。一般而言，"互文"有两个意义：一是指上下文，特别是相对称的两句话，各举一端，在意义上相互补充，使文词简洁精练的一种表达手段。一是指在两句话的相对应的位置上用不同的词来表示相同或相近的意义，使文辞错综变化的一种表达手段。"互文"的这两种表达手段在俞樾的《古书疑义举例》之"参互见义例"、杨树达的《古书疑义举例续补》之"避重复而变文例"以及姚维锐《古书疑义举例增补》之"耦语中异字同义例"中多有拈出。上述三部书加上刘师培的《古书疑义举例补》和马叙伦的《古书疑义举例校录》，汇成《古书疑义举例五种》一书，由中华书局于 1956 年推出第一版，2005 年又出了第二版，本人手头这本是 2006 年第二版的第六次印刷，共印了 44000 册之巨，可见长销和畅销程度之高。

　　本文限于篇幅只说说"互文"的第一义，并列举各家英译的情况，供古诗文及英译爱好者参考之用。诗歌语言由于字数、平仄、对仗、押韵等的限制，常常使用"互文见义"的表达法。沈德潜《说诗晬语》(《说诗晬语笺注》王宏林笺注，人民文学出版社，2013年版)第一百二十则举王昌龄《出塞》一诗首句"秦时明月汉时关"为例，指出："边防筑城，起于秦、汉，明月属秦，关属汉，诗中互文。"本来"秦汉"两个词是要合在一起说的"秦汉时明月秦汉时关"，但为了音节和字数的限制，要省去一个，于是前面省去了"汉"字，后面省去了"秦"字，解读时则要把两个词合起来讲：月是秦汉时的月，关是秦汉时的关。切切不可机械地理解为月只属于秦，关只属于汉。徐忠杰先生的英译：We have the same border passes—/As in the Han dynastic days. /We have the selfsame brilliant moon—/As the Qin people had to face. 就是照诗句字面形式移译，把关只归属于汉，把月只归属于秦了。《古诗十九首》之十："迢迢牵牛星，皎皎河汉女。"也属互文见义，要理解为：迢迢皎皎牵牛星，皎皎迢迢河汉女，也就是遥远明亮的既是牵牛星也是织女星。徐忠杰的英译把同样遥远明亮的两颗星分开来翻译了：Far up in the heavens is the "Cowherd"/And the "Weaver"—this side of the Milky Way. 白居易的《琵琶行》："主人下马客在船，举酒欲饮无管弦。"说的是主人和客人都下了马和上了船，诗人采用了互文修辞手段，也是为了字数和押韵的需要。如果不是这样理解，只说客人上了船而主人下了马仍在江岸上看着，那后面那句"举酒欲饮无管弦"就没有着落了。试看许渊冲先生的英译：I, the host, dismounted and saw the guest in the boat，/We wished to drink but there was no music afloat. 不得不说，译诗与原诗的意义还是有较大的出入的。杜甫诗中这种"互文"现象尤为常见，不妨略举二例，《潼关吏》："大城铁不如，小城万丈余。"钱锺书《管锥编》第五册第六页中有一段关于互文见义的补注：杜甫《潼关吏》"大城铁不如，小城万丈余"；仇注"上句言其坚，下句言其高"。施鸿保《读杜诗说》："此互言也。大城未尝不高，小城何尝不坚。分解非是。"即孔疏所谓"互文相足"。钱先生自然是同意施氏的解释的：大城和小城都是既高且坚的。孙大雨和宇文所安的译文都按照"分解"译出：The bulwark huge than iron is more stalwart; /The citadel small ten thousand feet doth surpass.（孙大雨）No iron can match the main wall，/the lesser walls stretch thousands of yards up.（宇文所安）杜甫《客至》："花径不曾缘客扫，蓬门今始为君开。"这两句也是互文见义，应该理解为：花径不曾缘客扫，今始缘君扫；蓬门不曾为客开，今始为君开。孙大雨的译文：My flower paths have not been swept for guests;/These shrub-strung doors are opened first on your way. 吴钧陶译为：The floral path hasn't been swept as no one happens/To come，but now for you the wicket door opens. 宇文所安的译文也同样没有注意到互文现象：My flowered path has never yet been swept on account of a guest，/my ramshackle gate for the first time today is open because of you. 行文至此，我脑海里浮现出两个问题：一是英文里或西方语言里是否也有类似的互文现象？一是古诗文尤其是古诗中的这种互文现象是否可以翻译成英文？对于第一个问题，我虽然学习英文多年，也读过不少英文诗歌，但互文作为修辞手段似乎不曾见过。当然，"说有易说无难"，我所知有限，以我有限的所知判定英文里没有互文现象恐怕过于武断。对于第二个问题，我则敢肯定地回答：可以译成英文，只是以我目前的水平无法办到罢了。

　　除了古诗中的互文见义现象外，张永言先生还指出古文中的互文，如《荀子·王霸》："国危则无乐君，国安则无忧民。""君"、"民"互文，等于说国危则无乐君、乐民，国安则无忧民、忧君。柳宗元《捕蛇者说》："叫嚣乎东西，隳突乎南北。""叫嚣"、"隳突"互文，"东西"、"南北"互文，原文是说叫嚣隳突乎东西南北，即到处狂呼乱叫，横冲直撞。有一个英译文是这样的：When those bullying tax-collectors come to our district, they bellow and curse from east to west and rampage from north to south. 如果理解了原文属于互文见义，那就可以把 bellow，curse，and rampage 放在一起来翻译：they bellow and curse as they rampage here and there. 范仲淹《岳阳楼记》："不以物喜，不以己悲。"原句的实际含意是：不因环境、条件好而喜，也不因环境、条件不好而悲；不因个人遭遇不好而悲，也不因个人遭遇好而喜。英文不妨译为：Happiness or sadness was independent of either natural beauty or one's own situation. 有意思的是，汉乐府《战城南》："战城南，死郭北。"两句诗也是互文见义，"战"、"死"是互文，"城南"、"郭北"也是互文，诗句是说城南和郭北都在作战，都在死人。杨宪益的英译是：There is fighting and slaughter south of city./There is also fighting and slaughter on the northern outskirts. 看来杨先生是按照互文见义来理解和翻译原诗的。

　　总之，诗文中互文见义现象是常见的，"使用互文见义的表达方式可以以少胜多，言此及彼，在有限的字数中增加语句的内涵，使文字简练而意义完备（张永言先生言）"。我们在将古诗文翻译成外文时要提醒自己注意汉语中的互文见义现象，以免译错。

（发表于 2021 年 7 月 3 日《上海书评》）

《论语》中的"教"与"诲"及其英译

孔子通常被国人奉为"成功教师",有教育专家认为在古今中国,真正成功的"为师者"只有孔子一人而已。孔子之所以能成为最成功的教育家,除了"学而不厌"的治学精神和"诲人不倦"的教育精神外,更重要的则在于对弟子精心精致的培养、全心全意的关爱、诚心诚意的指导。孔子的这些精神和行为,仍然值得当今为师者学习和效仿。

我平时注意收集阅读有关《论语》的书籍,但只是浮光掠影,读得并不深入。这次有机会读到美国学者金安平译注、香港城市大学鄢秀博士翻译的《论语英译及评注》及上海外国语大学教授史志康老师的《论语翻译与阐释》两书,激起了我重读《论语》及英译本的兴致。主要是读了赵纪彬先生的《论语新探》,及香港中文大学中国文化研究所刘殿爵先生的《论语》英译本。本文是一篇关于《论语》中的"教"与"诲"两字的解释和英译的札记,没有什么独到的见解,只是做了一回文抄公而已。

赵纪彬先生的《论语新探》,原名《古代儒家哲学的批判》,初版于1948年,后来出过三个新版(1958年,1962年,1976年)。

最后一版是"文革版"，我手头就是这一版。李零先生在《丧家狗：我读〈论语〉》一书中对此书的评价是："文革版"当然有时代的烙印，很多人以政治原因弃而不读，但其研究水平实远高于时下的流行新作，很多细节考证，至今仍有参考价值。

据赵纪彬先生考释，今日所谓"教育"，在《论语》中不名"教"而名"诲"，其中"教"与今日所谓"教育"，字面虽同而实质大有区别，不能混同，《论语》也从未混用。兹将言"诲"言"教"各章，分组录释如下。英文译文分别采用了刘殿爵、Arthur Waley、辜鸿铭，和金安平诸位先生的译本，我根据赵纪彬先生的考释对译文略作评价，供读者参考。

言"诲"组

1.《为政》：由，诲女知之乎？知之为知之，不知为不知，是知也。

The Master said，"You，shall I tell you what it is to know. To say you know when you know，and to say you do not when you do not，that is knowledge."（刘殿爵译）

The Master said，"Yu，shall I teach you what knowledge is? When you know a thing，to recognize that you know it，and when you do not know a thing，to recognize that you do not know it. That is knowledge."（Arthur Waley）

Confucius said to a disciple，"Shall I teach you what is understanding? To know what it is that you know，and to know what it is that you do not know，—that is understanding."（辜鸿铭）

The Master said，"You，do you know what I have been trying to teach you? To say that you know something when you know it and to say that you do not know something when you do not know it—that is true knowing."（金安平）

上述英译中除了刘殿爵先生把"诲"字译为 tell 外，其他人都译为 teach。对"诲"字的理解和翻译都没有问题。

2.《述而》：默而识之，学而不厌，诲人不倦，何有于我哉？

The Master said，"Quietly to store up knowledge in my mind，to learn without flagging，to teach without growing weary. For me there is nothing to these things."（刘殿爵）

The Master said，"I have listened in silence and noted what was said，I have never grown tired of learning nor wearied of teaching others what I have learnt. These at least are merits which I can confidently claim."（Arthur Waley）

Confucius then went on to say，"To meditate in silence；patiently to acquire knowledge；and to be indefatigable in teaching it to others；which one of these things can I say that I have done？"（辜鸿铭）

The Master said，"To retain knowledge quietly in my mind，to learn without ever feeling sated，not to weary of teaching—these things are not a problem for me."（金安平）

3.《述而》：若圣与仁，则吾岂敢？抑为之不厌，诲人不倦，则可谓云尔已矣。

The Master said，"How dare I claim to be a sage or a benevolent man? Perhaps it might be said of me that I can keep at it without getting tired and go on teaching without growing weary."（刘殿爵）

The Master said, "As to being a Divine Sage or even a Good Man, far be it from me to make any such claim. As for unwearying effort to learn and unflagging patience in teaching others, those are merits that I do not hesitate to claim."（Arthur Waley）

Confucius then went on to say, "And as for the character of a holy, sainted man or even a moral character, —how should I dare to pretend to that. That I spare no pains in striving after it and am indefatigable in teaching others to strive for it.—that, perhaps, may be said of me."（辜鸿铭）

The Master said, "I dare not call myself a sage or a humane man. What could be said of me is that I work toward it without ever feeling sated and I am never tired of teaching."（金安平）

4.《述而》：自行束脩以上，吾未尝无诲焉。

The Master said, "I have never denied instruction to anyone who, of his own accord, has given me so much as a bundle of dried meat as a present."（刘殿爵）

The Master said, "From the very poorest upwards—beginning even with the man who could bring no better present than a bundle of dried flesh—none has ever come to me without receiving instruction."（Arthur Waley）

Confucius remarked, "In teaching men, I make no difference between the rich and the poor. I have taught men who could just afford to bring me the barest presentation gift in the same way as I taught others."（辜鸿铭）

The Master said, "I have never refused to teach anyone who, on his own, has bought me a bundle of dried meat on his first visit."（金安平）

5.《宪问》：爱之能勿劳乎？忠焉能勿诲乎？

The Master said, "Can you love anyone without making him work hard? Can you do your best for anyone without educating him?"（刘殿爵）

The Master said, "How can he be said truly to love, who exacts no effort from the objects of his love? How can he be said to be truly loyal, who refrains from admonishing the object of his loyalty?"（Arthur Waley）

Confucius remarked, "Where there is affection, exertion is made easy; where there is disinterestedness, instruction will not be neglected."（辜鸿铭）

The Master said, "When you love someone, how can you not encourage him to work hard? When you want to do your best for someone, how can you not try to instruct him to do the right thing?"（金安平）

赵纪彬先生认为，在《论语》里，"人"是统治阶级，"民"是被统治阶级。总此五例，足证孔门只对"人"言"诲"，不对"民"言"诲"（《论语》明言"诲人"，而全书无"诲民"之词），只以"人"为"诲"的对象，不以"民"为"诲"的对象。"诲"概念是以"人"为对象，以"忠"为动机，以"不倦"为精神，以"行束脩"为条件，以"知"为内容，以"平等"关系为媒介，务令所诲之"人"，"学而不厌"，习为君子。和刘殿爵先生一样，Arthur Waley、辜鸿铭和金安平也都把"诲"译成 teach、educate、instruct、admonish，这些都没有错。这里需要特别提一下金安平女士在其《论语英译及译注》一书中的观点，金教授认为："诲"需要诠释，孔子谈及自己传道授业，喜欢用"诲"这个字。金教授指出孔子本可以用其他词，比如"训"或"教"，但"训"的意思是"说释而教之"，而"教"是"上所施"，这两个词都不符合孔子的教学理念。金教授还引了《说文解字》中对"诲"字的解释，即"明晓而教之"。

言"教"组

1.《为政》：季康子问：使民敬、忠以劝，如之何？子曰：临之以庄则民敬，孝慈则民忠，举善而教不能则民劝。

... raise the good and instructs those who are backward and they will be filled with enthusiasm.（刘殿爵）

... promote those who are worthy，train those who are incompetent; that is the best form of encouragement.（Arthur Waley）

... advance those who excel in anything and educate the ignorant，and the people will exert themselves.（辜鸿铭）

... acknowledge the good，teach the incompetent，and the people will encourage each other to strive forward.（金安平）

2.《述而》：子以四教，文、行、忠、信。

The Master instructunder four heads：culture，moral conduct，doing one's best and being trustworthy in what one says.

3.《子路》：（冉有）曰：既富矣，又何加焉？（孔丘）曰：教之。

Ran You said，"when their circumstances have been improved，what further benefit can one add?" "Train them."

4.《子路》：善人教民七年，亦可以即戎矣。

After a good man has trained the common people for 7 years，they should be ready to take up arms.

5.《卫灵公》：有教无类。

In instruction there is no grading into categories.

6.《尧曰》：不教而杀谓之虐。

To impose the death penalty without first reforming the people is to be cruel.

限于篇幅，不一一列举所有的英译文了，各位的译文有把"教"译成 teach，educate 和 instruct 的值得商榷，但也有译成 train，reform 的。与"诲"字以"人"为对象不同，"教"字则以"民"为对象；并且受教者为"民"，而"教民"者为"人"（善人教民一语最明显）；此与许慎《说文解字》释"教"为"上所施下所效"之义正合。与"诲"字常和"学"、"知"相连不同，"教"字则只与"戎"、"战"相连；足证"教"不以启发知能为目的，而以军事技术为内容。《论语》中的"教"字不是"教育"而是"教练"。所以，"教"字英译为 train 比较合适。另外，赵纪彬先生认为，"有教无类"一语，自来即多误解，而有意识的曲解也复不少。他对此作了详尽的考证，他说：实则此"有"字训"域"，《诗·商颂·玄鸟》"奄有九有"，《韩诗》作"九域"，即为明证。此"类"字乃"族类"之"类"，《左传》"非我族类，其心必异"即是此义。依此，则"有教无类"，即是说对于"民"实行军事教练，应按地域划分，而不分族类；亦即打破民族纽带的界限，依照方舆本位，对本区域以内的奴隶一律实行军事教练，以适应公室征讨不德的需要。

元人王若虚在《滹南遗老集》里说：解《论语》者有三过焉，过于深也，过于高也，过于厚也。有人把"有教无类"理解为"有教养就不会有瑕疵 / 性格缺陷"，译成英文 A person properly brought up has no character defect。我觉得有解之过深和过高的嫌疑。

（发表于 2021 年第 6 期《英语学习》）

"寤生"和"离骚"如何英译：
读《管锥编》札记

　　1961 年 7 月 9 日，夏济安在给夏志清的信中写道："在旧金山又寄出两本文言书的白话注释本，对你也许有些用处。我本来想寄大套的线装书，后来想这对你也许暂时用不着。那天寄出的两本书，注解似乎不错。如《左传·郑伯克段于鄢》中的'寤生'我直到看到那篇注解才知道怎么讲。"（《夏志清夏济安书信集》卷四，第 574 页，上海人民出版社，2020 年版）信中提及的"两本文言书的白话注释本"究竟是什么书，夏济安语焉不详，夏志清随后的回信中也未提及，我等读者无从知道，这里姑且不论。我觉得有点"匪夷所思"的是：以夏济安的中文修养怎么可能不理解"寤生"一词的意思呢？《郑伯克段于鄢》的故事被选入各类古文选读的读本和教材中，比如《古文观止》《大学语文》以及王力主编的《古代汉语》等，读者对这个故事耳熟能详，对"寤生"作"难产"解也并不陌生，难道"寤生"还有别解不成？带着这个疑问，我首先找出书架上的《古代汉语》，在该书第一册的第 8 页中有一个对"寤生"的注释：寤，通"牾"，逆，倒着。寤生，胎儿脚先出来，等于说难产。接着我又查阅了《辞源》，《辞源》里对"寤生"的解释有三：一，胎儿刚生下来便能张目而视，见《太平御览》三六一汉代应劭所作《风俗通》。二，产母睡时儿生，醒来才发觉。见杜预《春秋经传集解》。此处有必要稍作解释，自东汉以来，为《左传》作注的很多，现在最通行的是《十三经注疏》中的《春秋左传注疏》，注者为杜预，疏则出自唐代孔颖达之手。三，难产。寤，通"牾"。《史记·郑世家》"（武姜）生太子寤生。生之难。"即以寤生为难产。《辞源》对第三义进一步解释说：或谓产子头先出的为顺生，手足先出的为逆生，即寤生。如此看来，"寤生"一词确非只有"难产"一解。为了慎重起见，我想找出英译本来看看，因为英译者要翻译必先有彻底的理解。理雅各（James Legge）的 The Chinese Classics 一书中正好有这篇文章的翻译，便于读者对照，我录出文章的开头一段：初，郑武公娶于申，曰武姜。生庄公及共叔段。庄公寤生，惊姜氏，故名曰"寤生"，遂恶之。相关的英译文　是：Duke Zhuang was born as she was waking from sleep, which frightened the lady so that she named him Wusheng（born in waking）, and hated him. 不难见出，理雅各对"寤生"的理解取《辞源》中的第二义，即杜预所注的意思"寤寐而庄公已生"，产母睡时儿生，醒来才发觉。

王力主编的《古代汉语》的注释中还特别提到了"寤生"即"难产"的解释"依黄生说，见《义府》卷二"。循着这个注释，我们找到黄生在《义府》卷上反驳杜预的注释："寤而已生，此正产之极易，何必反惊而恶之？'寤'当与'牾'通；逆生，则产必难。"应劭《风俗通》里说："儿生而能开目视者，曰寤生。"黄生认为"此亦一说。"笔者请教了妇产科医生，胎儿生下来即能张目而视在现实生活中不乏其例。还有人把"寤生"解释为"逻生"，黄生认为不确，"逻生"应为"迎逆"而非"反逆"。据医学界朋友说："反逆"应该就是胎儿的脚或臀先出来的"难产"，而"迎逆"是胎儿的脸先露腭后位的生产过程，也属"难产"，但不如前者危险。唐五代时期王景晖所著史书《南燕录》中记载：慕容皝夫人昼寝生慕容德，慕容皝说："此儿易生，似郑庄公。"可以反证庄公寤生非难产，而如杜预所注"寤寐而庄公生"，即"产母睡时儿生"，是"产之极易"的。不过，依照常理，产母生产时似不可能是睡着的，尤其庄公又是头胎，生产应该是极为不易的。

钱锺书《管锥编》第一册第 168 页对"寤生"一词也作了详细解释，认为"黄解是也"，并且认为"慕容皝之言，尚沿杜注之误耳"。钱先生继而引全祖望注："寤生，牾生也。"全注与黄注"暗合"。为了作出进一步解释，钱先生还特意引了莎士比亚历史剧《亨利六世》(第三部第五幕第六场)中摄政王格劳斯特公爵说的一句话：For I have often heard my mother say，/I came into the world with my legs forward. 这位弑篡得登宝位的王子，"自言生时两足先出母体"。钱先生还特为加了一句："今英语谓之 breech presentation。"英语中关于"寤生"或"难产"的说法有多种，首先是医学上的专门用语 dystocia，源自希腊语的 dystokia，其次还有 difficult labour，difficult delivery；breech birth，breech born，breech delivery 等。 在朋友的帮助下，我有幸读到华盛顿大学出版社 2016 年出版的《左传》英译本 Commentary on the "Spring and Autumn Annals" 译者为 Stephen Durrant，Wai-yee Li，David Schaberg 三人，拜读之下极为叹服。在这个译本中译者对"寤生"一词的处理是恰当的：Lord Zhuang was breech born, and Lady Jiang was shaken. For this reason, she named him Wusheng（Breech Born）and consequently hated him.

　　关于《离骚》篇名的解释，最早见于《史记》："故忧愁忧思而作《离骚》。离骚者，犹离忧也。"到了东汉，班固作《离骚赞序》则解释为："离，犹遭也；骚，忧也。明己遭忧作辞也。"另一东汉时人王逸在《离骚经章句·序》里说："离，别也；骚，愁也；经，径也。言己放逐离别，中心愁思，犹依道径，以风谏君者也。"唐代的颜师古只解释了"骚"："忧动曰骚"。南宋王应麟在《困学纪闻》中据《国语·楚语》解释为："德义不行，则迩者骚离而远者距违。"韦昭进一步注释为："骚，愁也；离，叛也。"认为这是楚人之语，骚离即离骚，因为屈原"离畔为愁"。骚离的意思是动荡涣散。

　　钱锺书先生在《管锥编·楚辞洪兴祖补注》一节里首先认为以上解释"均是单文孤证，窃亦郢书燕说，妄言而故妄听之可乎？"然后作出了自己的解释："'离骚'一词，有类人名之'弃疾'、'去病'或诗题之'遣愁'、'送穷'；盖'离'者，分阔之谓，欲摆脱忧愁而遁避之，与'愁'告'别'，非因'别'生'愁'。"钱先生进一步指出："忧思难解而以为迁地可逃者，世人心理之大顺，亦词章抒情之常事，而屈子此作，其巍然首出者也。"钱先生还认为："逃避苦闷，而浪迹远逝，乃西方浪漫诗歌中一大题材，足资参印。"所以，钱先生认为，"离骚"的"离"就是"离去、脱离、摆脱"之意。叶圣陶先生《阅读与讲解》中有《再谈文言的讲解》一文，其中讲到了"离"字：《诗·小雅·渐渐之石》中有"月离于毕"的话，咱们现在说起来，"离"是离开，"月离于毕"是月亮离开了毕宿（星宿）。但是这个"离"字并不是离开，它的意义正与离开相反，是靠近。"月离于毕"是月亮行近了毕宿。紧接着，叶先生解释《离骚》中的"离"也不是"离开"之意，是遭遇，"遭遇与靠近是可以相贯的。"(《阅读与讲解》，生活·读书·新知三联书店，2012 年版，第 62 页）陈子展先生在《诗经直解》里也将"月离于毕"翻译为：月亮靠近了毕星。(《诗经直解》，复旦大学出版社，1983 年版，第 845 页）。

综上所述，《离骚》篇名的解释自东汉至今众说纷纭、迄无定论，但大致可以有三解：班固的"遭忧"（叶圣陶先生的"遭遇"说同）；王逸的"因别生愁"或"因离生愁"；还有钱锺书的"脱离或摆脱忧愁"。

我们再来看看英译情况。据我手头掌握的资料，西方最早翻译《离骚》的是法国人乔治·马居列斯（Georges Margoulies），时在 1826 年，他把《离骚》的篇名译为 *Tristesse de la Separation*（《分离的悲伤》）；第一个德译本是 1852 年由 A. 普菲兹梅耶尔（A. Pfizmaier）博士在维也纳出版的；第一个英译本则是英国驻华公使、汉学家 E. H. Parker 于 1879 年在伦敦出版，篇名译为 *The Sadness of Separation*（《分离的悲伤》），显然袭用了法译本的译名。厦门大学首任校长林文庆（Lim Boon Keng）于 1929 年在上海出版了《离骚》英译本，他把篇名译为：*The Li Sao: An Elegy of Encountering Sorrows*。英国著名汉学家、剑桥大学教授翟理斯（Herbert Giles）在给林文庆译本写的序言里批评说把《离骚》译为 *The Sadness of Separation* 是彻底错误的（hopelessly wrong）。翟理斯充分肯定了林译本，将它和泰勒（Brewitt Taylor）的英译本《三国演义》一道誉为二十世纪初叶的两部英译佳作，足以稳固大英帝国在汉学研究领域中的领导地位（Both achieved in the early part of the twentieth century，seem to me to go far to leave the British Empire precisely where it was.）。杨宪益先生 1940 年代在国立编译馆任职期间和夫人戴乃迭女士联袂翻译了《离骚》，篇名直接用汉语拼音译为 *Lisao*，杨先生自传 *White Tiger*（中译本《漏船载酒忆当年》，薛鸿时译）在讲述《离骚》翻译经过时也径用汉语拼音。但杨戴译本给篇名作了一个注释：The name "Lisao" has been interpreted by some as meaning "encountering sorrow", by others as "sorrow after departure". Some recent scholars have construed it as "sorrow in estrangement", while yet others think it was the name of a certain type of music. 孙大雨先生在《屈原诗选英译》里把篇名译为 *Lee Sao: Suffering Throes*. 企鹅中国经典丛书的《离骚》英译本出自英国当代汉学家、《红楼梦》译者 David Hawkes 之手，他译为 *Encountering Sorrow*。宇文所安在 *Readings in Chinese Literary Thought* 一书里都译成 *Li Sao*。直接用汉语拼音 Lisao 来译篇名自然是省事之举，但英语读者读完译文未必能心满意足。

把《离骚》译为 *Encountering Sorrows* 或者 *Encountering Sorrow* 的，是按照班固的理解，将"离"理解为"遭"或"遭逢"，王力《古汉语词典》里对"离"字的第五条解释是：通"罹"，遭逢。孙大雨译为 *Suffering Throes* 也是照此理解的。有人翻译为 *Sorrow After Departure*，或者 *Sorrow of Departure*，都是按照王逸的解释，因为离别而生悲愁。按照钱锺书先生的解释，则离骚应该译为 *Departure from Sorrow*，离开忧愁。

以上仅仅是罗列了"离骚"篇名的种种解释和英译，我本人更倾向于钱锺书先生的解释，至于本人的英译是否恰当，祈请读者批评指正为盼。

（发表于 2021 年 11 月 26 日《上海书评》）

同为"鲲鹏"，含意大不同

——关于范存忠《毛泽东诗词》英译稿的几封通信

　　南京大学已故教授、著名英国文学研究专家范存忠《中西文化散论》（译林出版社，2015 年版）一书中有一篇《和友人谈翻译》的文章，其中收录十一封与友人讨论《红楼梦》和《毛泽东诗词》英译的来往信件。这位"友人"是谁，文中没有揭出，从措辞和语气判断，应该是范先生曾经的学生，当时供职于中央编译局。（经研究《毛泽东选集》英译本的朋友相告：这位"友人"可能是程镇球，程先生早年毕业于南京大学的前身中央大学，时任中央编译局毛选英译组组长。）通信时间最早为 1974 年 12 月 30 日，最晚是 1977 年 4 月 12 日。本文重点谈谈范先生与"友人"关于《毛泽东诗词》英译稿中"选词、造句、用韵"问题。

　　关于《毛泽东诗词》的英译，可从今年 7 月 16 日《南方周末》上"周不言"的短文《钱锺书与中共八大翻译处》获其大概："1960 年，他（钱锺书）又参加毛泽东诗词英译本的定稿工作，这个定稿小组的组长是袁水拍，组员有乔冠华、钱锺书、叶君健。这一工作持续到 1966 年停止。1974 年秋天，他们又开始工作，完成审定毛泽东诗词英译的工作。"其实，这个小组的成员中还有一位外国专家苏尔·艾德勒，因他不谙中文，所以作为第一个英语读者，"对译文在英语中产生的'诗'的效果特别敏感"。（叶君健《回忆翻译毛泽东诗词二三事》）这位外国专家对《毛泽东诗词》英译本的定稿自然起着不可替代的作用，我们不应不提他。许渊冲《逝水年华》（外语教学与研究出版社，2011 年版）中回忆说：1976 年初，报上发表了毛泽东词《井冈山》和《鸟儿问答》，还有外文出版社的英译文。有人说这两首词的英译出自钱先生之手，许先生觉得译文一般，不像是钱先生所译，于是写信去问。"最后我才问到两首词的事，并且寄去我的韵体译文，请他斧正。2 月 26 日得到他龙飞凤舞的亲笔回信，全文如下：渊冲同志：惠书奉悉，尊译敬读甚佩，已转有关当局。我年来衰病不常出门，承命参与定稿，并非草创之人。来书云云，想风闻之误耳。草复即致 敬礼！ 钱锺书"我们由此可以确定：一，《毛泽东诗词》的英译工作有专门的一批人负责，范先生的"友人"是其中之一，最后的定稿又有一专门的小组，钱先生是其中之一。二，《毛泽东诗词》的英译定稿时间应该在 1976 年初，这也可以从商务印书馆出版的《毛泽东诗词》英译本的时间得到确认，商务版出版于 1976 年 9 月，但在版权页上注明：本书英译文根据外文出版社《毛泽东诗词》英译本 1976 年第一版排印。据叶君健回忆，英译本正式出版是在 1976 年的"五一"节。从范先生与"友人"谈翻译的通信中也可以证实：《毛泽东诗词》英译本的审定和定稿时间应该在 1974 年至 1976 年，其间，作为未定稿征求了全国范围内中外专家的意见，像北大的朱光潜曾就未定稿提出过不少修改意见，范先生也是其中的专家之一。外文局专门召开了一次中外专家对英译本的意见会，范先生没有与会，会上大家反映最强烈的是英译本没有注释，外国人看不懂。有的人因此而上升到"无视群众"的政治高度，绝大多数群众看不懂，如何体现群众路线？云云。关于注释，叶君健回忆说：因为注释极为复杂、细致和敏感，最后决定"除原作者自己的注释外，我们所做的注释一律撤销。所以，我们最后出版的毛泽东诗词译本没有译者的注释"。叶先生认为删掉了注释"也许这是美中不足，但当时我们的考虑是慎重的。"同时未定稿还广泛征求了普通读者（主要是上海和广州两地外语院系师生）意见，包括在京外国人的意见，信中提及：……北京外国人对"不须放屁"一语反应颇大。他们说东方无产阶级的语言为什么不直译，西方无产阶级是可以懂的。……定稿中"不须放屁"确实不是直译，而是较为委婉的"Stop your windy nonsense！"更为重要的是，通信中还透露了定稿组就读者提出的一些疑难问题征求了毛泽东本人的意见，范先生在信中写道：读者总是有意见的，这是正常的事。主席有教导："择其善者而从之。"主席好像怕这句话给人的印象不够深，所以又说："其不善者而批判之。"范先生对此的反应是：这样一说，真叫人心情舒畅！

范先生和"友人"的通信中主要讨论了这样几个问题。一是用韵，范先生认为：押韵总不免拼凑，但拼凑痕迹越少越好。为了押韵方便，往往用现成语，如I wish，I know，I see，Indeed等，尽管难以避免，但以少用为是。为了押韵方便，字序往往颠倒。范先生认为，颠倒字序对词尾变化较多的语言（如拉丁语）不成问题，对语尾变化大体消失（如英语）或全部消失（如汉语）的语言，字序颠倒越少越好。《文心雕龙》有云："搜句忌于颠倒，裁章贵于顺序。"范先生认为汉诗英译的精髓不在用韵而在传神和精致，他指出汉诗英译有两种：一为直译，散文体；一为意译，为英文诗，是

Alexander Pope 他们那套，现在过时了。汉语中同音字多，往往长篇歌行也可以一韵到底，翻译成英语就很难做到了，勉强为之，为了迁就用韵就不得不对原文有所增删。用韵尽量避免拼凑，杜甫作为苦吟诗人对此有着深切的体会："美人细意熨贴平，裁缝灭尽针线迹。"（《白丝行》）看得出，范先生不主张把毛泽东诗词翻译成韵体。许渊冲先生把《毛泽东诗词》翻译成了韵体，给洛阳解放军外国语学院的同事索天章教授（后调至复旦大学外文系）看过，索教授说："这是小学生的译文。"（参看：许渊冲《逝水年华》第 63 至 64 页）二是造句，"牢骚太盛防肠断"翻译成"too much sorrow"不妥，定稿译为"Beware of heartbreak with grievance overfull"。范先生对柳亚子《感事呈毛主席》一诗的英译感到不好理解，"夺席谈经非五鹿"一句中的"非五鹿"未定稿译为"不是五鹿（充宗）"，但"无车弹铗怨冯驩"中的"怨冯驩"，没有译为"抱怨或讨厌冯驩"，而译为"像冯驩那样抱怨"。范先生认为这样理解和翻译有违柳亚子原意。定稿译为：Lecturing on classics，I am no time-serving scholar\And，to my sorrow，have met with no warm reception."五鹿"和"冯驩"两个鲜活的人物形象在翻译中消失了，这不能不说是遗憾，但范先生认为这样译已经把意思译出来了，达到了严复所谓的"达旨"要求，也不需要什么注解了。柳亚子的另一首《浣溪沙》中有"歌声响彻月儿圆"句，范先生指出他的老同学、老同事、柳亚子先生哲嗣柳无忌教授译为"歌声唱得很高，以致透过了月亮"（"Their loud singing permeating 'the full moon'"，译文参见《磨剑鸣筝集》，上海外语教育出版社，1993 年版）是误译，并调侃道：难道儿子不懂老子的诗？还是"诗无达诂"？《毛泽东诗词》英译定稿本译为："The strains of The Full Moon rise with joyful swell."符合作者原意。三是选词，范先生特别指出了之前有一位《毛泽东诗词》的英译者

Willis Barnstone 在一些词语翻译上所犯的错误：重阳 double Yang；风华 flower wind；春光 spring light；风光 wind ray；风烟 wind and smoke；长夜难明 sun-moon-dawn……等等，指出当翻译这些所谓"诗家语"时应格外小心。通信中提到"鲲鹏"一词的翻译颇费脑筋，因为英文 roc and whale 是指凶猛的动物，在毛泽东《从汀州向长沙》中"鲲鹏"代表敌人，"六月天兵征腐恶，万丈长缨要把鲲鹏缚。"（ In June Heaven's armies chastise the corrupt and evil,＼Seeking to bind roc and whale with a league-long cord.）而在《鸟儿问答》中则代表人民，"鲲鹏展翅，九万里，翻动扶摇羊角。"（The roc wings fanwise,＼Soaring ninety thousand li＼And rousing a raging cyclone.）英译不一样但中文一样；如果英文译得一样但两处代表的形象又不一样，真是为难。范先生认为，"鲲鹏"的含意前后不一，虽为旧时诗家忌用，但在现代象征派诗里已经习以为常，这叫做 mixed metaphor（隐喻不一致）。所以，最后的定稿两处都用了 roc。有专家和读者指出"土豆烧熟了，再加牛肉"译为"Potatoes piping hot,＼Beef-filled goulash.""充满了牛肉的土豆烧牛肉"显得十分可笑，中文里没有 goulash，英译中出现总是不大好。范先生则认为，"土豆烧牛肉"未尝不可如此照译，诗人本来就是使用了嘲笑口气，可以不管烹调老谱，也不用计较牛肉有多少。最后的定稿本从善如流，完全采纳了范先生的意见。

读了范先生与友人讨论翻译的这几封通信，深感老一辈学者治学之严谨、学养之深厚，值得我辈后进好好学习。范先生关于翻译还写有专论，不在本文讨论之列，有兴趣的读者可以找来一读，相信一定会受益匪浅。

（发表于 2020 年 9 月 3 日《南方周末》）

第二辑

英语学习与教学

伦敦口音英语不是标准英语

常常听有人表扬一个人英语（指英式英语）说得标准时会说：一口地道的伦敦口音。伦敦口音就是地道的或标准的英语发音吗？显然不是。

伦敦口音 Cockney，指的是伦敦人，尤其是伦敦东区（伦敦西区是富人居住区，相当于上海人说的"上只角"，而伦敦东区则是普通人乃至穷人居住区）居民说的英语。标准口音 Received Pronunciation，简称 RP，则是指英国南部受过良好教育人士和受过大学教育的伦敦人的口音，牛津和剑桥普遍说这种英语，整个英国的文化语言（educated speech）接近标准口音，英国广播公司 BBC 的播音员采用为标准发音。所以，标准口音又被称为"牛津口音"、"BBC 口音"、"国王或女王口音"（King's or Queen's accent）以及"公学口音"（public-school accent）。也有语言学家把标准口音称之为 posh accent，所谓的"上等人口音"，与之相对的是 ordinary accent，所谓的"普通人口音"。

语音学家亚历山大·艾利斯（Alexander Ellis）把英语发音分为六类：标准发音 Received，正确发音 Correct，自然发音 Natural（没

有经过正规训练，Untamed），农民发音 Peasant，粗俗发音 Vulgar
（文盲 Illiterate）和方言发音 Dialect。标准发音和正确发音的区别在
于：标准发音是超地区的（supra-regional），不局限于某一地区；而
正确发音指的是某一地区受过良好教育的一部分人的发音。

上世纪八九十年代以来，英国出现了一种介乎标准口音和伦敦
口音之间的"河口英语"（Estuary English），源自泰晤士河河口或河
湾地区，主要是指英国东南部地区的人所说的英语。这是一种让人
能普遍接受的口音，既不像有人认为的标准口音那么做作，也不像
其他口音那样不登大雅之堂。

近日购得中华书局出版的汪荣祖先生所著《槐聚心史——钱锺
书的自我及其微世界》，读至第 178 页，讲到 1978 年钱先生出席在
意大利召开的第二十六届欧洲汉学大会，他的发言令西方学者大为
"惊艳"，同行的丁伟志也感受到钱先生用标准流利的英语发表演说
所产生的"语惊四座"之盛况。汪先生引录了丁伟志纪念钱先生文
章《送默存先生远行》的一段话：他用标准伦敦音的流利英语，神
采飞扬、旁征博引地论述了中国和意大利间文化交往的历史，预测
了中国和欧洲文化间交往的良好前景……这里丁先生显然是把伦敦
口音误认为是标准口音了。读有关钱锺书先生的传记和他人回忆钱
先生的文章，都说钱先生说的是"一口标准的牛津口音"。所以，
当你要表扬一个人英语说得标准、地道时，你可以说他是 RP 标准
口音、牛津口音、BBC 口音、国王或王后英语口音，而不是伦敦
口音。

（发表于 2020 年 6 月 10 日《新民晚报》"夜光杯"）

《国王英语》(*The King's English*)：
我所得益的一本英文用法书

　　著名作家、学者、翻译家林语堂先生曾写过一篇名为"我所得益的一部英文字典"的文章，介绍他最喜欢的英文字典《袖珍牛津英文字典》(*Pocket Oxford Dictionary*)。林先生说，"无论家居、远游，确乎不曾一日无此书。因《袖珍》名副其实，不满盈握，携带便利。既可开卷有益，自不妨于行李夹袋中，留出两双袜子的空位，来放这本不可须臾离的枕中秘"。在林先生的教书生涯中，这部字典是他遇到疑难时的参考，除了少数生僻罕用的美国俚语，他从不曾碰过壁。从这部字典里既可找到大字典所无的字，又能得到通常字典里所不能给他的消息，所以"自然益发佩服作者体例之善、搜罗之富、用功之勤、考察之精，因佩服而敬爱，因敬爱而恋恋不舍了"。为了说明这部字典的好处，林先生特为举出 young 作为例证。字典不仅给出了 young 的基本用法和普通易见的用法，而且给出读英文者似懂非懂的用法。比如，young man，young woman（用于 my，his，her，etc. 之后）系指"情人"(sweetheart)；young person，a young person 指英国仆人用以称呼门外不相识之年轻女人

（servant's phrase for unknown young woman at door，etc. ）；the young person 则指未成年人，不可示以猥亵书画等物者（those whose innocence must be guarded against corruption ）；young things 指普通幼儿而含有怜惜之意（applied indulgently，etc. to persons ）；等等。

林先生"因佩服而敬爱，因敬爱而恋恋不舍"的这部字典是由英国著名词典编撰家、语法学家 Fowler 兄弟编写的。H. W. Fowler 和 F. G. Fowler 兄弟在英语国家可谓家喻户晓。两人合作完成了几部著名的辞书，包括《简明牛津词典》（ The Concise Oxford Dictionary ）、《袖珍牛津词典 》、《现代英语用法词典 》（ A Dictionary of Modern English Usage ）以及《国王英语 》（ The King's English ）等。

其中，出版于 1906 年的《国王英语》一书，把包括狄更斯、毛姆等在内的英国著名作家遣词造句的毛病，指斥辨证，被后世作家奉为语法修辞的经典之作，其审辨之精，早被英语世界的有识之士叹为独步一时。

2007 年，我访学美国加州大学伯克利分校，在旧金山一家名为 Green Apple 的旧书店以 2.98 美元购得此书。草草翻看之下便觉爱不释手，毫不犹豫地将其买下。回国时，我生怕行李超重，带不走从美国各大旧书店淘到的书籍，忍痛把衣服和鞋子等随身用品扔在了美国。从此此书也成了我不可须臾离的枕中秘，一有机会就拿出来看上几页。每当有教精读、语法和写作的同事问我有什么适合使用的英语语法和惯用法方面的书籍时，我就毫不犹豫地推荐这本《国王英语》。作者在前言里说之所以要写这样一本书，是出于以下原因：英语写作者很少会去钻研一本语法或写作的书籍；英语写作者懒得去读语法规则，因为写语法规则的书无所不包，有些规则自己或已了然于胸或完全没有必要；英语写作者认为写作书籍中提出的告诫纯属多余，自己不可能会犯那些刻意制造出来的错误。我教授高级英语阅读课程多年，该课程常常涉及英语写作，为了帮助学生不犯或少犯在诸如措辞、语法、修辞、句法以及风格等方面的错误，我常常引用该书中的内容，几年使用下来觉得效果不错。这里不揣浅陋将该书的内容向读者作一介绍。全书分为两大部分，第一部分包括：词汇（vocabulary）、句法（syntax）、装腔作势（airs and graces）和标点（punctuation）。第二部分包括：谐音（euphony）、引语（quotation）、语法（grammar）、意义（meaning）、含混（ambiguity）和风格（style）。限于篇幅，本文对书中其他内容不一一介绍，仅以词汇和句法部分略作分析。作者开宗明义，认为"任何人想要成为好作者必须把文章写得直接、简单、精悍、有力和清晰"。(Anyone who wishes to become a good writer should endeavour to be direct, simple, brief, vigorous, and lucid.) 在选择用词时需遵循以下原则：

1. Prefer the familiar word to the farfetched. 所举的例子来自《泰晤士报》：The state of Poland, and the excesses committed by mobilized troops, have been of a far more serious nature than has been allowed to transpire. 作者指出 transpire 乃是"不着边际"的词，应改为"come out"。

2. Prefer the concrete word to the abstract. 作者特别指出滥用名词（excessive use of nouns）就是使用抽象名词。例子是 *Cambridge University Reporter* 上的一个句子：The general poverty of explanation as to the diction of particular phrases seemed to point in the same direction. 作者改为：It was perhaps owing to this also that the diction of particular phrases was often so badly explained. 这样一改，意义就显豁了。我们不妨把上述两句翻译成中文，原句几乎无法译为中文，可

见中文更不宜用很多名词。"关于特别短语的用字的解释的一般贫乏，似乎指向同一方向"，读来费解。经作者改动后的句子译为中文似乎更易明白些，"也许正因为这一点，特别短语用的字常常解释得这样差"。

3. Prefer the single word to the circumlocution. 例证同样选自 *Cambridge University Reporter*：Inaccuracies were in many cases due to cramped methods of writing。作者把 in many cases 改成简单的 often 一词。

4. Prefer the short to the long. 例子选自《泰晤士报》：On the Berlin Bourse today the prospect of a general strike was cheerfully envisaged. 作者把 envisaged 改为简短的 faced。

5. Prefer the Saxon word to the Romance. Romance 语指的是 Latin、Italian、French 和 Spanish。作者的意思是尽量使用盎格鲁-撒克逊本族语而不是罗曼斯语（法语和拉丁语）来源的字："Despite the unfavorable climatic conditions." 改成 "Bad as the weather has been." 在英语写作和汉译英时，这一条规则显得尤其重要。我在课堂上经常告诫学生：英语的三大来源是盎格鲁-撒克逊本族语、法语、拉丁语，平时写作和翻译时要尽量使用盎格鲁-撒克逊本族语语源的词，避免使用法语和拉丁语语源的词。Anglo-Saxon，French, and Latin together provide the main multicultural foundation of the English language. A handy way of distinguishing the various strains within English is in terms of three levels of style（见表 1）. Words derived from Anglo-Saxon tend to be more basic and direct and are often monosyllabic；French-derived words tend to be a little more refined and polite or formal；Latin-derived words tend to be more learned and technical and are often polysyllabic.

表 1. Three Levels of English Style

From Anglo-Saxon（Basic）	From French（Refined）	From Latin（Learned）
holy	sacred	consecrated
ask	question	interrogate
rise	mount	ascend
fire	flame	conflagration
kingly	royal	regal

注：Anglo-Saxon is a livelier tongue than Latin，so use Anglo-Saxon words.

　　上述五条原则至今并未过时，值得我们在用英语写作和翻译时参考。

　　写文章、作翻译贵在得体，而得体的文字最忌冗长，以简洁为上，这似乎是一条铁律。William Strunk Jr. 和 E. B. White 合著的《文体指要》（The Elements of Style）是美国大学里写作课的必读书，大学校园里几乎是人手一册，大家都管这本书叫"小册子"（the little book）。E. B. White 是美国文坛备受称誉的散文名家，William Strunk Jr. 是其就读康奈尔大学期间的老师。White 回忆说，老师总喜欢在课堂上大声疾呼"删除赘字！"（Omit needless words!）受其影响，他自己在写文章时总是提醒自己要删掉废字废话，却始终删不干净。可是，White 说每次重读老师一条六十三字的箴言，都有观止之叹："Vigorous writing is concise. A sentence should contain no unnecessary words，a paragraph no unnecessary sentences，for the same reason that a drawing should have no unnecessary lines and a machine no unnecessary parts. This requires not that the writer make all his sentences short，or that he avoid all detail and treat his subject only in outline，but that every word tell." 这段六十三字的写作箴言，董

桥先生同样用六十三个汉字译成中文，译文和原文旗鼓相当，堪称佳译："有声有色之文必简洁。一句之中无赘字，一段之中无赘句，犹如丹青无冗枝，机器无废件。此说不求作者下笔句句精短，摒弃细节，概而述之；但求字字有着落耳。"

在该书的"句法"部分，作者特地分析了 shall（should）和 will（would）两个词在大量句子中的误用情况。大致可以归纳如下：1. shall 在第一人称的陈述句里表示将来，常有写作者误用了 will；2. shall 在第一人称的陈述句里表示意向或许诺，不能用 will；3. shall 在第二人称和第三人称的陈述句里表示写作者或说话者的意向、命令、许诺、威胁等；4. shall 在第二人称的疑问句里表示将来，这种情况在美式英语里一般都用 will 而不用 shall；5. shall 在第三人称的疑问句里问对方的意志。Will 的用法规则是：在第一人称的陈述句里表示写作者或说话者的意向、命令、许诺、威胁等；在第二人称和第三人称的陈述句里表示将来，有时也表示写作者或说话者的命令；在第三人称的陈述句里有时表示必然性或不可避免性；在第三人称的疑问句里表示将来。需要告诉读者的是，我这里只是简单地归纳，原书从 132 页到 151 页几乎花了 20 页的篇幅来论述这两个词的用法。我平时在教学过程中只是告诉学生这两个词的用法十分复杂，有些用法在英国是错的而在美国却没错，有些用法在英国的英格兰是错的而在苏格兰或威尔士却没错，有些用法在当时是错的而到了现在则是对的。为了更好地说明这两个词的用法，我通常搬出上文提及的 William Strunk Jr. 和 E. B. White 合著的那本《文体指要》，该书的作者写道：In formal writing, the future tense requires "shall" for the first person, "will" for the second and third. The formula to express the speaker's belief regarding a future action or state is "I shall"；"I will" expresses determination or consent. 举例说，一个处于绝望中的游泳者喊道："I shall drown；no one will save me！"而一个想要自杀的人则会说："I will drown；no one shall save me！"作者继续写道：In relaxed speech, however, the words "shall" and "will" are seldom used precisely. 而且作者不无幽默地指出：Our ear guides us or fails to guide us, as the case may be, and we are quite likely to drown when we want to survive and survive when we want to drown. 学生们看了这个例子一下子就记住了这两个词的基本用法规则。

最后说说《现代英语用法词典》，这部词典与《国王英语》一书一样，是进行英语写作和翻译时极为有用的参考书。英国首相丘吉尔在其《第二次世界大战史》一书中，曾回忆自己 1944 年 3 月 19 日在英国军情局局长拟定的诺曼底登陆作战计划书上作批示时，提及 Fowler 的这部词典：Why must you write "intensive" here？ "Intense" is the right word. You should read Fowler's *Modern English Usage* on the use of the two words. 复旦大学外文学院已故葛传椝先生在《英语惯用法词典》中引用 Fowler 对两个词的解释：intensive 跟 extensive 相对，作"集中的"解，不作"强烈的"解，说"强烈的"该用 intense。如 intensive bombardment 是"向某地集中的炮轰"，未必是"强烈的"，intense bombardment 是"强烈的炮轰"，未必是"集中的"。既然已经提及了葛传椝先生的这部《英语惯用法词典》就不妨多啰嗦几句：这部词典是中国人编写的第一部英语惯用法词典，十分实用。除了对英语常用词汇在惯用法中的正确用法和错误用法的详细说明以外，还有大量的例子用来说明各种表达方式的细微区别、英式英语和美式英语的不同、普通用法和不普通用法的差异等。特别值得指出的是，葛传椝先生生前曾与 H. W.
Fowler 和 F. G. Fowler 兄弟有过大量的书信往来，那已经是 20 世纪
30 年代的事了，这无疑是中英两国学者文化交流的一段佳话。欲知
他们来往信件的详情，我可以推荐读者去看上海译文出版社出版的
《葛传椝英文书信序言选编》一书。

（发表于 2020 年第 3 期《英语学习》）

从英语俗语看英国的酒吧文化

　　学过英文的人大概都知道 "mind one's p's and q's"（注意自己的言行）这句耳熟能详的俗语，但似乎不是人人都知道它的来龙去脉以及它背后所包含的文化因素，这样说恐怕不算过分吧，我以为大致应该是事实。这句俗语其实跟英国的酒吧和酒吧文化有着渊源关系。词典编撰家埃里克·帕特里奇（Eric Partridge）在他那部著名的《英语俚语俗语词典》（*A Dictionary of Slang and Unconventional English*）里列有 p's and q's（or P's and Q's）条目，主要举了两个意思。第一个意思是 "学习字母"（to learn one's letters），说的是以前英国小孩学习字母分不清 p 和 q 的区别，因为两者都拖着尾巴。所以老师或家长会告诫学字母的孩子说："注意 p 和 q 的区别"。这应该是这句俗语的最原始的意义了，不过词典里提醒我们这个意思已经过时，不为人所用，也不为人所知了。第二个意思是 "须小心从事之事，得当的言行举止"。词典编撰者解释说这个意思与英国酒吧里的古老习俗有关，mind one's p's and q's 属于酒吧用语，意为 "注意你的酒量，别喝多了"。这里的 p 指的是 pint（品脱），q 指的是 quart（夸脱），"品脱" 和 "夸脱" 都是液量单位。在英国，1 夸脱相当于 2 品脱或者 1.14 升；在美国，1 夸脱相当于 0.94 升。

英国人类学家凯特·福克斯女士（Kate Fox）著有一部畅销书《观察英国人》(*Watching the English*，2004)，有个副标题是"英国人行为举止中的潜规则"(Hidden Rules of English Behaviour)，该书探讨了英国人不为人所知的诸多习惯和举止，从而进一步说明英国人的民族和文化特性（the Englishness）。迄今为止，该书在英国已经出到第二版，可见拥有一定数量的读者。据英国朋友说，即便是英国人读了该书也颇有收获，有很多的潜规则也不为自己所知。在国内，依稀记得几年前出过中译本，我因为手头有了原版，就没有去关注中译本的译者和出版社。福克斯女士（第一版出版时她还没有结婚，书中提及了未婚夫，第二版出版时她似乎已婚，提及了丈夫。）在书中专门写了一章"酒吧交谈"，指出酒吧文化是英国文化中最重要的组成部分，不同年龄、不同阶层、不同职业和不同受教育程度的英国人都是酒吧的常客。在酒吧里，年龄、性别、肤色的差别没人关注，尤其是阶级（class）这个渗透在英国人血液中的观念也淡漠了。英国作家乔治·奥威尔（George Orwell）曾经说过"英国是太阳底下最看重阶级分野的国家"(the most class-ridden country under the sun)。对于外国人而言，如果不常去酒吧泡泡，要了解英国人和英国文化几乎是不可能的。据我的一位在一家英国公司担任高管的朋友说，平时举止得体、温文尔雅的英国同事到了酒吧就像换了个人似的。这位朋友在英国期间也经常去泡酒吧，对酒吧文化有相当的了解。他告诉我说现在的英国人有一个说法：礼拜三就是新的礼拜四（Wednesday is the new Thursday），按照英国人的一般习惯是礼拜五下班后去酒吧，一直消遣到第二天凌晨。后来渐渐变成礼拜四下了班也去了，现在则更加变本加厉，礼拜三下了班就去了，于是礼拜三就成了礼拜四了。由此看来，酒吧无论对于英国人还是外国人而言都是极为重要的一个去处。

外国人去泡英国酒吧，首先要注意的是酒吧里有一条"看不见的队伍"（the invisible queue），酒吧柜台是英国唯一一个不需要排队买东西的地方。无论是其他什么场合，英国人都养成了自觉排队和不插队的习惯。匈牙利幽默作家乔治·麦克斯（George Mikes）有一句名言："一个英国人，即便是单独一个人，也会排成一个人的整齐队伍。"（an Englishman，even if he is alone，forms an orderly queue of one.）凡是去过英国的外国人都认为麦克斯此言不虚。酒吧里虽然不用排队，但谁先谁后却是有一条"看不见的队伍"的，吧台的服务员和顾客们彼此都心照不宣，无须说破。如果有人大声招呼服务员"我的酒呢"或者想插队，那是要招来白眼的，有人会皱起眉头，有人甚至会怒目而视的（frown upon）。对于没有排队习惯、喜欢插队或大声吆喝的外国人来说，这条规则应该特别注意。

在酒吧里还不能忘记遵循 p's and q's 规则，也就是前面说到的要"注意自己的酒量，别喝多了"。值得注意的是，这条规则现在有了引申义：这里的 p 成了 please，q 成了 Thank you 或 Thanks 了。酒吧里喝酒的顾客在点单时一定要说这两个字，同样吧台服务员也必然会遵守这条规则。因此，mind one's p's and q's 在酒吧里还有一层"注意要说'请'和'谢谢'"意思。

最后必须得说说酒吧里支付小费的规则。这条规则也充分体现了英国人的习惯和英国文化的特征，那就是在任何场合都尽量不要提及"多少钱"或"怎么卖""什么价"之类的字眼。非但不可提及，甚至连暗示都不能有。英国人连骂人都很文雅，脏字自然是绝对不会有的。举个例子，有人如果说"某某先生最近买了一套价格不菲的新家具",他这是在骂对方。明明知道某某先生是花钱买了家具,但你最好说"某某先生最近继承了祖上留下来的一套家具"。话题有些扯远了。回到该说的话题吧,酒吧里该如何支付小费。通常的做法是在点单的时候就要支付:"要两杯酒,一杯是我的,一杯是你的。"服务员自然就明白是怎么回事了,他或者她会高兴地回答一声"谢谢"。语气上最好是这样:"你也来一杯吗?"用英语说就是:"And one for yourself?"或者"And will you have one yourself?"这样对方更容易接受,你也显得更有涵养。

饮食文化是中国文化的重要组成部分,汉语中有关饮食的俗语和其他表达方式特别丰富;与此同理,既然酒吧文化在英国文化中占有举足轻重的地位,那么有关酒吧文化的俗语应该还有不少。笔者读书不多,涉略不广,就平时阅读所及知道英语中还有一句跟酒吧文化有关的俗语,不妨也写在这里供读者一粲:wet one's whistle,意思是"喝点酒润润嗓子"。在古代英国,常去泡酒吧的人往往自带盛酒的陶瓷杯子,杯子的杯口或杯把上用一种工艺镶嵌了一个哨子,他们喝完了杯中酒需要续杯时就吹响哨子,以此告知吧台服务员。这句俗语出现得较早,在14世纪的文献里就有了,英国诗歌之父杰弗里·乔叟《坎特伯雷故事集》"管家的故事"里有一句"So was hir joly whistle well y-wet"(因为她的好嗓子润湿得舒畅)。塞缪尔·约翰逊的《英语词典》里提供了另一个例子:17世纪英国传记作家沃尔顿(Izaak Walton)写有一部描写钓鱼的快乐和技巧的古典田园诗《高明的垂钓者》(*The Compleat Angler*)(又译《钓客清话》,缪哲译),其中有一句"Let's drink the other cup to wet our whistles, and sing away all sad thoughts"。(让我们再喝一杯酒润润嗓子,把所有悲伤的念头都吹走。)吹哨子要求续杯的习惯已经成了传统,不可能出现在现在的酒吧里了，而这句俗语却保留了下来，直到如今仍在英语中使用着，只不过使用时带有些许英式幽默的成分了。顺便说一句，英国人是很为自己的英式幽默感到自豪的，他们不大瞧得起其他文化尤其是大西洋彼岸的幽默。

一句无关本文主题的多余的话，p's and q's 在美式英语口语中的意思略有不同：自己的事情，自己的工作。Mind one's p's and q's 就成了"管好你自己的事吧"；He knows his p's and q's 的意思是：他了解自己的工作。英美两国人说的英语差异越来越大了，语言背后的文化差异也不容小觑。

（发表于 2020 年 9 月 20 日《文汇报》"笔会"）

文章在《文汇报》"笔会"（2020 年 9 月 20 日）刊出后，次日即收到复旦大学范家材教授来信，范教授在信中写道："吴老师，您好。大作探幽发微，文采粲然。从 George Orwell 到 Geoffrey Chaucer，从 Kate Fox 到 Samuel Johnson，腾挪于历史文化领域，视野大开大阖，识见伸卷自如。拜读之余得益无穷，谢谢！"我早年读过范教授大著《英语修辞赏析》（1992 年出版），获益匪浅，因此记得范教授大名，近 30 年后居然又得到范教授鼓励，倍感亲切。

英国人的"厕上阅读"

　　英国人类学家凯特·福克斯女士在《观察英国人》(*Watching the English*)一书中讲到英国人的"对话准则"(Conversation Codes)时专辟一节讲"不同阶层的语言准则"(Linguistic Class Codes)。在阶层分明的英国,人们一开口讲话就会暴露出自己的社会阶层。莎士比亚同时代的英国剧作家、诗人、批评家本·琼森(Ben Jonson)有句名言:"语言最能显示一个人的身份。你一开口说话我就能知道你的身份。"(Language most shows a man. Speak that I may see thee.)萧伯纳也说过:"对于一个英国人而言,一旦他张口说话就必然会招来其他英国人的仇恨或鄙视。"(It is impossible for an Englishman to open his mouth without making some other Englishman hate him or despise him.)福克斯认为虽然现在的英国社会已经不像过去那样注重阶层间的差异,但所有的英国人都不得不承认:一旦一个英国人开口说话,他或她的阶层地位就立即被确定了。确定一个英国人阶层地位的语言因素主要是措辞和发音。而在措辞中,根据福克斯的研究,她认为有七个词(Pardon,Toilet,Serviette,Dinner,Settee,Lounge,Sweet)最能体现阶层差异,这里限于篇幅,只介绍其中的两个词。中国人初学英语时，听不懂或听不清对方所说，往往会说："Pardon？"或"I beg your pardon？"，要求对方再说一遍。而在英国，上层或中上层的人是绝不会说 Pardon 这个词的，在他们看来，说这个词无异于诅咒或谩骂。他们通常会说：Sorry？或者 Sorry—what？或者 What—sorry？只有中中或中下阶层的人会说 Pardon？，所以英国上层社会的人经常会戏称这两个阶层的人为 Pardonia。同样，中国人把"厕所"一词翻译成英文时习惯用 Toilet，在上海的不少地方甚至把"公共厕所"直译为 Public Toilet。其实在英国，"厕所"有很多比较委婉的表达方法：Gents，Ladies，bathroom，powder room，facilities，convenience，带有玩笑性质的叫法还有：latrines，heads，privy 一般而言，女性更倾向于说前两者，男性则喜欢说后者。英国的上层或中上层人士听到有人说 Toilet 这个词就会大皱眉头，他们自己则会说 Loo 或者 Lavatory。Loo 看上去像倒写的 007，据说 007系列电影大为盛行之时，英国上层社会人士竟然称上厕所为：I want to see my James Bond. 当然，这是英国人颇引以自豪的英式幽默了。英国人善于戏谑和反讽，尤其是上层或中上层人士，他们常把厕所称为 Bog；劳工阶层、中下或中中阶层则都说 Toilet，唯一的区别在于劳工阶层发音时往往省略了最后的 t。

不难看出，英国人讲求阶级差异，同时也注重不同阶层语言文字的不同使用。著名影星杰里米・帕克斯曼（Jeremy Paxman）就认为："英国是一个迷恋文字的民族"（a people obsessed by words）。很多英国人也认为英国文化是"言语"（verbal）而非"视觉"（visual）的文化，英国人爱好文字喜欢阅读。英国的出版业发达，平均每年要出版 15 万本左右的新书，人均读书量和人均拥有的报刊数量都超过世界上任何一个国家。英国人特别喜欢阅读各类报纸，超过百分之八十的人每天都会阅读一份或几份报纸（或纸质或线上）。报纸上各种形式的文字游戏和猜谜活动对英国人具有强大的吸引力。英国人读完报纸也特别喜欢给报社编辑写信，内容包罗万象；编辑也都是有心人，把历年来的读者来信编辑成书出版。比如，《第一只布谷鸟》《第二只布谷鸟》等书就是《泰晤士报》历年来读者来信的汇编，据说还有第三只、第四只布谷鸟。关于"布谷鸟"系列的书籍，读者可以参看著名学者吕大年先生的文章"第二只布谷鸟"。吕先生的文章写得既有趣又有料，您读了肯定会获益匪浅的。英国人可以在任何时间、任何地方阅读任何文字，阅读是英国人所有休闲娱乐活动中排在最前列的。在很多英国人的家里，厕所里整齐地摆放着大堆书籍和报刊，供如厕时阅读之用，他们称之为"厕上阅读"（Bogside Reading），Bogside 这个词显然是"炉边"（Fireside）和"枕边"（Pillowside）的戏仿。福克斯认为虽然"厕上阅读"在世界上其他国家也流行，但在英国可以说是一种传统，是英国人的积习。我们中国人中也有"厕上阅读"的习惯，但似乎并不普遍。对于很多英国人来说，尤其是男性，如厕时不读点什么，如厕就会以失败告终。假如没有合适的厕上读物，他们会把厕所用品的说明书作为阅读材料。厕上读物主要是那些相对不怎么严肃的书籍和杂志：幽默作品、名人名言录、书信集、日记、各种参考书、旧杂志等等，至于什么人读什么厕上读物则要视不同阶层而定，这就又回到前面所说的英国人对阶层差异的注重了。

厕上阅读除了反映英国人热爱读书这一基本事实外，还可以作为英国社会阶层的指向标（class-indicator）。劳工阶层的厕上读物主要是幽默、娱乐或与体育运动有关的书报，比如笑话集、漫画、谜语以及各类体育杂志。还有一些关于兴趣爱好方面的书刊，比如关于垂钓、园艺、收藏、观鸟、散步、养宠物以及针织等的。相比之下，中下和中中阶层人士不是太热衷于厕上阅读，他们如厕时会阅读书籍或报刊，但他们觉得可以宣扬如厕时的阅读习惯并非雅事，甚至显得粗俗不堪，尤其是这些阶层的女性一般不愿承认自己如厕时有阅读的习惯。其实这是假正经。中上阶层人士倒是不至于这么故作正经，他们的厕所里通常设有一个小型图书室，如厕时可以随手取用。有些中上阶层人士的厕上读物颇为高雅，不无炫耀的嫌疑，选择放在厕所图书室里的不是用来如厕阅读而是用来供客人欣赏的。比如，有人把企鹅丛书、平装本的《简·奥斯丁书信集》和《泰晤士报文学增刊》之类的读物放在厕上书架上，甚至还有人在厕所里阅读哈贝马斯和德里达的书。英国人给人的感觉比较拘谨、内敛、低调，但有时候他们也喜欢炫耀，只不过炫耀的方式比较巧妙而已。试举一例，还是与厕所有关。英国人通常会在家里展示家庭成员获得的各种奖状、奖章、荣誉证书以及照片（包括与名人合影的），展示的地方不是在容易惹人眼目的客厅或卧室，而是在通往厕所的走道两边的墙壁上，英国人风趣地称之为"brag wall"（炫耀墙），我们中国人家里也有这面墙。试想，客人来家里喝下午茶，喝多了自然要如厕，如厕时自然可以看见这些值得炫耀的东西。如此这般，既显示了英国人的低调内敛又达到了炫耀夸示的目的，可谓一举两得。让人感到奇怪的是，上层社会的厕上阅读趣味反而更接近于劳工阶层，他们主要阅读关于体育运动的报刊杂志和幽默类的书籍，所不同的是劳工阶层阅读的体育杂志通常是关于足球等球类运动的，而上层社会人士阅读的是关于狩猎、射击、垂钓之类的。有些上层社会人士的厕所里还放着一些有趣的童话书籍，当然都是经典童话故事。

　　弗吉尼亚·伍尔芙在《普通读者》(*The Common Reader*) 第二辑的最后一篇文章《我们怎样读书》的结尾写道："然而，又有谁是为了达到一个目标，不论这个目标多么理想，而来读书的呢？难道就没有一些事我们纯粹出于欣赏喜爱而做的吗？难道就没有一些乐趣其本身就是目的吗？阅读不就是其中之一吗？至少，我有时候梦见在最后的审判日来临之际，那些伟大的征服者、律师和政治家前来接受他们的奖赏——皇冠、桂冠，或名垂青史的英名——的时候，万能的上帝看见我们腋下夹着书走过来，他会转过身来，以不无羡慕的口吻对彼得说：'等等，这些人不需要奖赏。我们这儿没有任何东西可以给他们。他们一生热爱读书。'"喜欢厕上阅读的英国人正是一生热爱读书的。记得旅美华人学者庄信正先生说他"初读这段话时深受感动，几乎流泪"。而我则是每读一遍这段话都会被感动，直至落泪。

（发表于 2021 年 7 月 13 日《文汇报》"笔会"）

如何阅读《爱丽丝漫游奇境记》

1867 年，英国出版了一本叫作《爱丽丝漫游奇境记》(*Alice's Adventures in Wonderland*) 的书，作者是路易斯·卡罗尔 (Lewis Carroll，1832—1898)。其实这位卡罗尔并非职业作家，而是牛津大学基督堂学院的数学讲师。甚至连他的真名也并非"路易斯·卡罗尔"，而叫查尔斯·勒特威奇·道奇逊 (Charles Lutwidge Dodgson)，只不过他的数学著作不如他的文学作品出名，因此人们大多记住了写童话的卡罗尔，而忘了研究数学的道奇逊。

道奇逊早年就学于拉格比公学，他父亲是一位牧师，希望他子承父业将来也成为牧师，但他考入牛津大学基督堂学院读书时，他的兴趣和天赋却都表现在了数学方面。1854 年毕业后即留在母校教授数学，直至 1891 年，在这所世界著名大学执教达 27 年之久。他因为家庭环境的影响从小就很怕羞，生性拘谨，长大之后性格也未见改变，不善交际。他由于生性孤僻导致终生未娶，孑然一身，却热爱孩子，特别是女孩子，十分乐于与之交朋友，在牛津有许多与他亲近的小朋友。他患有口吃，与成人交谈固然不能畅所欲言，但小朋友们却总能为他信口讲出的童话所吸引。这本有关爱丽丝的奇遇最早就是他为一个名叫爱丽丝·利德尔的小姑娘编的，这个小姑娘是学校教务主任的女儿。卡罗尔和爱丽丝姊妹三人在一个风和日丽的下午一起坐在河岸的草地上，卡罗尔开始讲述故事，由于他讲得太引人入胜，孩子们常常不许他停下来，以至于他讲得实在疲倦不堪时，竟不得不说服她们才可以稍事休息。后来在友人的怂恿下，他将这个故事写成了书，1864 年成稿，但正式出版却要等到 1867 年。1871 年又有《爱丽丝漫游奇境记》的姐妹篇《镜中世界》（ *Through the Looking Glass and What Alice Found There* ）问世。于是，数学教师道奇逊便以童话作家卡罗尔闻名了。据说当时的维多利亚女王读了爱丽丝的故事，非常赞赏，差人留意这位作者，一旦有新著问世就立刻呈上。谁知此后女王看到的却是一部乏味难懂的代数方程式论。卡罗尔后来还出版过几部故事书：《猎兽》（ *The Hunting of Snark* ）和《西尔维和布鲁诺》（ *Sylvie and Bruno* ）等，也都风行一时，但终究比不上《爱丽丝漫游奇境记》来得成功。

卡罗尔成名后，由于性格怪异，加上天生口吃不善与人交往，有人竟相信他是个精神不正常的人。有一次他出门坐在火车上，看到邻座一位 10 多岁的女孩子正津津有味地读他的《爱丽丝漫游奇境记》，他见她读得高兴，便和她交谈起来。恰好女孩的母亲也读过此书，卡罗尔也与她讨论起该书及其作者，她竟硬说作者是一个精神不正常的人，卡罗尔问她是真的吗，她坚决地回答道："真的。"卡罗尔尴尬万分，但没有责备她，后来他还寄赠一部《镜中世界》给那女孩子。

这本《爱丽丝漫游奇境记》记录了一个小女孩的夏日闲梦。爱丽丝在百无聊赖的下午看见一只衣冠楚楚的兔子自言自语地急急赶路，好奇心促使她尾随兔子而去，不料掉进了一个深洞，由此跌入一个莫名其妙的世界。经过漫长的下落，她来到一间空空如也的大厅，那里的每样东西似乎都会使她的身体缩小或变大。这不断变化的结果是，一块平常的蛋糕反令她觉得不可思议，而她自己终于也说不准自己是谁了。此时已缩小的爱丽丝被先前落的泪冲走，共同遇险的还有一只"委屈"的老鼠（爱丽丝总不忘向它炫耀自己的宠物猫如何机敏勇猛）和一群稀奇古怪的飞禽走兽。这时兔子再次出现，爱丽丝阴差阳错地进了兔子家里，又遭受了一番"变身"之苦。当她好不容易逃脱，并从一只慵懒的毛毛虫那里打听到控制身材变化的秘密后，便亲见了一连串的奇情异事。在公爵夫人的寓所，夫人抱着猪脸娃娃高唱可笑的催眠曲，厨子尽情地往汤里倒胡椒，往公爵夫人和孩子身上掷锅碗瓢盆，柴郡猫笑容诡秘，神出鬼没；在三月兔家门前，"疯癫"的三月兔、帽匠和睡鼠所举行的茶会永无止境，依靠移动座位使之不断延续，原来"时间"已被谋杀，它们也只得永远停留在喝茶的时间。离开无聊的"疯茶会"，爱丽丝闯入了皇后的花园。残暴任性的皇后无时无刻不在下达死刑宣判，却从不曾有哪个囚犯因此被杀。爱丽丝应邀参加皇后的槌球比赛。这是一场毫无规则可言的比赛，无论是火烈鸟充当的球杆，还是刺猬充当的球，或是士兵充当的球门，都会自行其是，仿佛都在与爱丽丝作对。而皇后也从未停止过砍头的判决，使参赛者几乎悉数遭到拘禁，球场上只剩下皇帝、皇后和爱丽丝三人了。于是，爱丽丝被打发随鹰头狮身怪拜访假海龟，听它讲述无聊的"伤心史"，观摩了一段滑稽的龙虾四对舞。法庭开庭的消息打断了假海龟的无病呻吟，爱丽丝目睹了一次由怯懦而狡黠的皇帝主持的荒唐审判，最后她在与皇后及其手下的冲突中，跳出梦境而返回了现实世界。

这篇故事之所以深受一代代孩子们的喜爱，成为儿童文学的经典之作，其中重要的原因就是它不同于当时大多数儿童文学作品以教海为目的，而是不折不扣的游戏之作。儿童读物自诞生之日起，便以教育为宗旨，因为儿童被认为是不完善的人，必须加以严格的约束与引导，他们没有也不必拥有属于自己的"文学"。孩子们不是被迫在严肃的教训书籍前正襟危坐，就是偶尔在成人文学世界中偷取些读书的愉悦。在 17、18 世纪的英国，写给孩子们的故事——比如詹韦（James Janeway）的《献给孩子们的礼物》(A Token for Children)（1671）——都有浓重的说教意味。倒是班扬的《天路历程》、笛福的《鲁滨孙漂流记》、斯威夫特的《格列佛游记》等成人文学作品权且满足了孩子们的阅读渴望。随着 18 世纪启蒙运动的兴起，才出现了真正意义上的儿童文学。纽伯里（J. Newbery）的寓言故事、博尔曼（T. Boreman）的《巨人的故事》(Gigantick Histories)（1740）、戴（T. Day）的《桑福德和默顿的故事》(The History of Sandford and Merton)（1783—1789），以及进入 19 世纪以后埃奇沃思（M. Edgeworth）的《道德故事》(Moral Tales)（1801）、舍伍德夫人（Mrs. Sherwood）的《菲尔柴尔德一家》(The History of Fairchild Family)（1818—1847）等等，都是当时儿童文学的代表作品。不过它们仍是为教育的文学，是成人从自己的教育目的出发为儿童设计的文学。19 世纪 50 年代以后，贴近儿童心理特点、纯粹供儿童娱乐的文学作品越来越多。马耶特（F. Marryat）的航海冒险、亨蒂（G. A. Henty）的战争小说、休斯（T. Hughes）的学校生活、扬（C. M. Yonge）的家庭故事，为孩子们争相传阅。儿童文学的经典作品也在这一时期涌现，如：金斯利（C. Kingsley）的《水孩儿，写给陆上孩儿的童话》(The Water-Babies, A Fairy Tale for a Land-Baby)（1863）、杰弗里斯（R. Jefferies）的《贝维斯的故事》(Bevis, The Story of a Boy)

（1882）、斯蒂文森（R. L. Stevenson）的《金银岛》（*Treasure Island*）（1883）等，当然，还有卡罗尔的《爱丽丝漫游奇境记》。

人们往往将是否"有意义"作为评判儿童文学作品的标准之一。实际上，所谓的"有意义"就是作品能够给予孩子们有关成人世界的教诲，帮助他们脱离儿童的思维方式而尽早获得成人的社会经验。那么，爱丽丝的游历是否有"意义"呢？并没有。爱丽丝并未在游历中获得任何有关成长的重要启迪，她从梦境中返回后也并未"成熟"。相反，在故事的结尾，在爱丽丝姐姐的梦中，这个小妹妹即使已长大成人，也永远保存着童年的单纯与天真。而从这个故事本身来看，如果谁刻意在其中寻找"意义"的蛛丝马迹，比如把塑造皇后的形象说成是为了批判专制统治，或把刻画三月兔和帽匠的形象说成为了讥讽无聊小民，或把描述法庭审判的荒谬说成了揭露法律不公，那么他自己也只能作那"moral"不离嘴的公爵夫人，令酷爱幻想的爱丽丝们敬而远之了。卡罗尔非但没有赋予这段奇遇以任何"意义"的打算，甚至时常流露出对"意义"的嘲讽。这种嘲讽是借助故事中随处可见、信手拈来的文字游戏完成的。卡罗尔经常通过词语的谐音和双关，制造巧妙的文字之趣，对现实生活中的严肃事物加以揶揄。比如假海龟在回忆自己的学校生活时，说它们的老师被叫做"Tortoise"（乌龟），因为它"taught us"（教我们），而它们的课程则有"Drawling"（慢吞吞地说）、"Stretching"（伸展）和"Fainting in Coils"（绕圈子昏倒），其实它们分别指"Drawing"（绘画）、"Sketching"（素描）和"Painting in Oils"（油画）（第九章）。这些利用谐音创造的课程名目，既吻合海龟的动作特点，更是在调侃当时的学校教育。诗歌也是这篇小说中的亮点。爱丽丝脱口背诵的那些打油诗多为戏仿著名的说教诗而作，其中的

"意义"当然已被消解得无影无踪。那首讲述老鼠的身世（tale）的小诗偏偏状如尾巴（tail）（第三章），将谐音与荒诞诗融为一体，这大约也可算较早的"图案诗"了。其实，卡罗尔早在少年时便谙熟这些文字游戏了，常在家庭刊物上发表些模仿诗、藏头诗以及字谜游戏。他另有两首类似的著名诗作，一是《镜中世界》里的"捷波瓦奇"（Jabberwocky），一是长诗《斯纳克之猎》（*The Hunting of the Snark*）（1876），前者生造了许多新词，开了"荒诞诗体"的先河，后者则是重要的谐体史诗。（当被问起这首史诗有何"意义"，究竟是道德教训的寓言，还是政治讽刺时，卡罗尔的回答只是"我不知道!"）但若说爱丽丝的这些奇遇毫无"意义"，却又不尽然，读者可以从中品味出隐约的哲理。爱丽丝发现一扇老鼠洞大小的门后面有一个令人神往的花园，可不幸的是，要么是她个子太高而门太小，要么是她个子变小而钥匙却留在了令她难以企及的桌子上，对她来说那个花园偏偏永远只能是一个可望而不可即的美梦（见第一、第二章）。而当她经过几次"变身"之后，甚至疑惑起"我究竟是谁?"，于是将与她年龄相仿的小伙伴们一一数来，却还是难以决定自己是否是自己（见第二章）；爱丽丝与毛毛虫的对话从"我是谁"开始，虽然她竭力回避，可兜了一个大圈子之后，话题仍回到了那个令她百思不得其解的问题（见第五章）。在小说的开始部分，作者以大量篇幅记述爱丽丝身体的不断变化以及由此带给她的尴尬。身体的变化使她总是无法随心所欲地行动，竟至对自身产生了陌生感。无论是情节（身材的瞬间缩小或长大）还是其结果（忘记了自己是谁，不得不依靠排除法确定自己的身份）在现实生活中都是不可能发生的，也是老于世故的成年人不屑思量的。但是卡罗尔凭借丰富的想象力，将这些离奇的事情生动地展现在孩子们眼

前，使他们沉浸在虚幻却充满趣味的世界中。同时，那些童心未泯
的成人也能在爱丽丝的尴尬中读出自身因素与外在条件之间难以排
解的矛盾，而这种矛盾境地恰恰是现实生活中普遍存在的。所以
说，卡罗尔的这部小说既是儿童文学的经典，因为它完全是"为孩
子们立言"，充满了孩子般的奇思妙想，荒诞不经而又妙趣横生；
同时又受到成人的喜爱，不仅仅因为它能够勾起童年的美好回忆，
更因为可以从荒诞读出妙趣，可以将它视作隽永的人生寓言。由此
看来，这部书既可以作为故事书来读，而其中的寓言却又可以作为
一本哲学和伦理学的参考书，难怪有人写了一本关于罗素哲学趣谈
的书，其中便有很多地方引用了这部故事书里的情节。行文至此，
我想给读者诸君提供阅读此书的方法，我们可以从四个方面阅读此
书：一是注意文义，就是读懂字面意思，这大约不是太难的事；二
是注意情感，就是故事里作者处处流露出的、笔锋常带的情感；三
是注意语气，就是故事里人物的各种语气、口气；四是用意，就是
故事所蕴含的寓意。

　　最后，提醒广大读者，如果你要读英文原著，最好选择企鹅出
版社的 *The Annotated Alice*，The Definitive Edition，*Alice's Adventures
in Wonderland* 和 *Through the Looking-Glass* 两部书都包括在内，这
本书的好处有二：一是有详细的注释，注释本身读来很有趣；二是
有精美的插图。如果你要读中译本，有三个译本可以选择：一是商
务印书馆出版的著名语言学家赵元任先生的译本，二是上海译文出
版社吴钧陶先生的译本，三是张华先生的名为"挖开兔子洞"的译
本。三个译本各有所长，你读了都会有所收获。

（发表于 2020 年第 7 期《英语学习》）

媲美原作的《古屋杂忆》的翻译

　　刘绍铭在《琴瑟相谐的翻译》(《文汇报·笔会》2016年5月7日)一文中盛赞夏济安先生的翻译,认为夏先生的译文跟严复在《天演论》"译者例言"中的说法互相呼应,做到了"将全文神理融会于心,下笔抒词,自善互备"。还引了董桥对夏译的评价:"夏济安先生学富才高,中文典雅,英文博通,……只读中译,行云流水,风清月明;中英对读,琴瑟相谐,鸾凤和鸣,功夫很深。"据董桥自己说,他对夏译的这个评价大概实在太高,以致引来一些人的不满,于是在《英华沉浮录》"夏济安的译笔还是好的"一文中作了点解释:"诵读夏先生的中译,我只觉得他的中文实在上佳;他尽力让中文跟着英文走而不流失中文的韵致,这样的努力不禁教人感动,值得后进学习。"董桥还回忆读了夏译《名家散文选》两卷后"惊为翻译秘笈,如痴如醉,从而学而时习之,经年累月,闭目几可背诵十之八九。"除了董桥,刘绍铭文章中还提到了宋淇(林以亮)、余光中和他本人对夏先生翻译美国作家霍桑《古屋杂忆》("*The Old Manse*")一文的推崇备至。

　　宋淇在《翻译的理论和实践》(见《翻译研究论文集》下卷,外语教学与研究出版社）中说,《古屋杂忆》"如果不是事先知道的话,很少人会相信这是译文。""读者在读了原文之后,再回过头去读译文,就会立刻觉得原作的一股'圣洁之气',跃然纸上,这再也不是普普通通的翻译,而是原作美感经验的再度创作。我们如果拿原作和译文再多读几遍,就会觉得译者和原作者达到了一种心灵上的契合,这种契合超越了空间和时间上的限制,打破了种族上和文化上的樊笼,在译者而言,得到的是一种创造上的满足;在读者而言,得到的则是一种新奇的美感经验。"夏济安当年在北大任教时的同事金隄在《论等效翻译》一文中指出:这是任何翻译家都不敢企求的最高评语。

余光中在《从西而不化到西而化之》中认为《古屋杂忆》是"西而化之"的上乘译文,"夏济安的译文纯以神遇,有些地方善解原意,在中文里着墨较多,以显其隐,且便读者,不免略近意译,但译文仍是上乘的,不见'西而不化'的痕迹"。余光中作家兼译家,视翻译为大道,对译者的中英文水平均要求极高,曾在多篇文章中对新文化运动以来诸多作家的中文西化现象表示过不满。他对自己期许也甚高:"作家最怕江郎才尽,译者却不怕。译者的本领应该是'与岁俱增',老而愈醇。一旦我江郎才尽,总有许多好书等我去译,不至于老来无事,交回彩笔。"总之,他对夏译的评价也不可谓不高了。

庄信正的《异乡说书》里有一篇回忆夏济安的文章《才情·见解·学问》,其中说到夏的翻译:"我以为夏先生是中国有数的几个能手之一,比傅雷、傅东华等有过之而无不及。……他的《美国散文选》是中国翻译文学中的不朽杰作。"随后提到《古屋杂忆》:"译文在《文学杂志》上发表以后,有一位不懂英文的作家读了大为赞赏，觉得不但译文美妙流畅，而且完全像篇中文创作，没有翻译的痕迹。"喜欢两位傅先生译文的读者也许会不大开心了！他还借他人之口赞美夏译：完全像中文创作，没有翻译的痕迹，差不多达到了钱锺书先生所说的翻译的"化境"了："把作品从一国文字转变成另一国文字，既能不因语文习惯的差异而露出生硬牵强的痕迹，又能完全保存原有的风味，那就算得入于'化境'"。

夏志清 1956 年 11 月 5 日在给哥哥夏济安的信中（见《夏志清夏济安书信集》卷三）也提及了《古屋杂忆》："你所译的《古屋杂忆》，词汇的丰富，当可与霍桑的原文媲美。我手边有两巨册美国文学选，把你的译文和霍桑的原文粗略地对照了一下，看到你把霍桑的长句子拆开后，重新组织，另造同样幽美的长句子，确是不容易的工作。最重要的，你把霍桑的带些'做作'性的幽默也译出来了。"这是具体而微的评价，讲到了翻译中字、词、句子的处理还有风格的再现。四十三年后的 1999 年 2 月 20 日，夏志清在写给复旦版《美国名家散文选读》一书编辑的信中坦承：金隄对《古屋杂忆》首段译文的批评没有错。他同时为哥哥作了点辩护："当年先兄在台大教书，收入不多，凭译书增加收入，当然不可能字字推敲。他中英文都是一等，少的是时间。"

金隄按照宋淇的指引对比原文做了研究，"意外地"发现《古屋杂忆》"全文都有不少问题"，仅在开头第一段中"就有十来个译错或不妥的地方"。金隄认为这篇译文"文字优美而问题很多"。最刺眼的错误是把原文中 two or three vagrant cows（两三头失群的母牛），因一时疏忽把 cows 看成了 crows，译成了"偶尔有两三只乌鸦飞来，随意啄食"。因为看错了 cows，vagrant 一词也便没有了着落，只好把"漂泊流浪"译成了"偶尔……随意"。这里，"再度创作"是有的，但"心灵上的契合"就很难说了。金隄认为，翻译的根本任务是传递原作的信息，译文的魅力只有和这个根本任务一致，为完成这个任务起积极作用，才谈得上真正的传神。金隄还指出了第一段中几处理解上的错误，都能做到切中恳綮。有兴趣的读者可以找来文章一读，在金隄所著《等效翻译探索》或金圣华、黄国彬主编《因难见巧——名家翻译经验谈》两书中都有收录。

　　说句实话，任何从事翻译的人都会犯错误，即使"学富才高"如夏济安先生者，在从事翻译时，也难免有错。还是宋淇在同一篇文章中说得好："一个从事翻译者，在指出别人的误译时，如果引起别人的反质，会发现他自己面对同样进退两难的情况。不管一个翻译者如何负责、细心、勤勉和问心无愧，在翻译的过程中，他总免不了犯过不少无心之失。"我自己也翻译过十余部英美文学作品，这类"无心之失"肯定有不少。文学翻译，力求文字优美，使译作具有与原作相当的魅力，这是译者应该追求的目标。

　　　　　　　　　　（发表于 2021 年 3 月 11 日《文汇报》"笔会"）

示播列及其他

Shibboleth 示播列

阅读和翻译外国文学作品时，经常会遇到 shibboleth 这个词，查了词典后知道这个词源自希伯来的《圣经》。据《圣经·士师记》第 12 章中记载，居住在约旦河东岸的基列人（Gilead）和犹太部落的以法莲人（Ephraim）产生了矛盾，耶弗他（Jephthah）召集基列人与以法莲人争战。争战的结果是基列人获胜，以法莲人被迫渡过约旦河逃生。基列人把守着约旦河的渡口，不让以法莲人过河。虽然基列人和以法莲人说的是不同的方言，但他们的外表和穿着都极为相似，所以每一个想过河的人都会受到盘问。企图逃过河去的以法莲人说："容我过去。"基列人就问他："你是以法莲人不是？"他若说："不是。"就对他说："你说示播列。"以法莲人因为咬不准字音，便说成了西播列（sibboleth）。基列人就将他拿住，杀死在约旦河的渡口。据《圣经·士师记》记载，那时以法莲人被杀的共有四万二千人。

Shibboleth 是希伯来语，意思是"谷穗"（ear of corn）或者"洪

流"（stream in flood），《牛津英语词典》解释说：追溯词源，语言学家更倾向于后者，因为这个词毕竟跟渡河有关。以法莲人发不了 sh 的音，把它发成了 s 的音，立即就露了馅，最后招来杀身之祸。所以，"示播列"最初是一个"考验用词"，类似于军队中使用的口令，用来辨别敌我。从 17 世纪中期以来，shibboleth 在英语中的意思是"用来判断外国人或陌生人的词"，基本上仍属于"考验用词"。英国诗人弥尔顿的《力士参孙》描写参孙回忆耶弗他如何报复那些出卖他的人："当场抓住便杀……只要不能正确说出'示播列'的。"到了十九世纪早期，词义引申为"区别某一阶层和团体的习俗、原则、或信仰"。在英国作家约翰·高尔斯华绥的《贵族》里，主人公说："依我看，那些动作似乎毫无意义，远离西敏寺里的所有偶像和示播列（信仰）。"萧伯纳在《重返玛士撒拉时代》里也使用了这个词，男子社交俱乐部的一位成员反驳道："你们不必跟我讲什么主义，你们的那个党的示播列（纲领）又不是什么原理。"从十九世纪后期至今，词义又有所变化，shibboleth 主要用来指已经过时或不再重要的顽固思想，相当于陈规陋习。美国著名作家和评论家 H. L. 门肯在《清教主义作为一股文学力量》一文中猛烈抨击美国清教遗风"政治超自然主义"：最成功的美国政客们就是凭借他们最擅长的这一招，把清教那些过时且华而不实的东西和示播列（顽固思想）曲解成党派的托词。

Galingale 高良姜

乔叟《坎特伯雷故事》"总引"（The General Prologue）写到一个厨师，他是跟着"缝纫用品商、木匠、织工、染坊主人、织毯匠"一起去坎特伯雷朝圣的。原文是这样写他的：A cook they hadde with hem for the nones，/To boil the chickens with the mrybones，/And powdre-marchant tart，and galingale./Well coud he know a draught of London ale./He coude rost，and seeth，and broil，and frye. 乔叟的《坎特伯雷故事》迄今为止国内只有两个中译本：方重先生的散文译本和黄杲炘先生的诗体译本。我把两种译文抄录在下面：他们带着一个厨师同路，为他们烧鸡和髓骨，酸粉馒头和莎草根。他对于伦敦酒最内行！他能煨、煎、焙、炖，能做精美的羹，又善于烤饼。（方译）他们为这次旅行带了个厨师，要他把又酸又香的佐料配制，再加上髓骨和良姜把鸡烧煮。伦敦的酒他一尝就能够辨出。他能烤会烧，善于煎炒善于煨，做的杂烩浓汤和馅饼是美味。（黄译）我手头的英文注释本把 powdre-marchant tart，and galingale 放在一起解释为 spices（调料，调味品），照这个解释，两个中译似都有问题。我感兴趣的是 galingale 一词的翻译，查了最权威的《牛津英语词典》，给出的解释是：Chinese Ko-liang-kiang，lit. "mild ginger from Ko"，a prefecture in the province of Canton. 字面意思"高良姜"，产自中国广东省的高县。高县在汉代称高康县，三国时名高良郡，今广东高州。但据我一直在广州工作的中学同学杜方敏教授告知：高良姜最主要产地在广东湛江的徐闻县，占全国产量的 90% 以上，尤以龙塘镇生产的良姜质地最好，有"中国龙塘良姜"之美誉。徐闻县自古以来为兵家驻防和商旅之要地。北宋元丰二年，苏东坡因"乌台诗案"被朝廷流放至儋州（今海南岛），徐闻是其必经之地，他曾有言："四州之人以徐闻为咽喉"。徐闻是汉代海上丝绸之路的始发港，由此不难推知，高良姜是经过海上丝绸之路抵达欧洲的。关于 galingale，《牛津大词典》给出的第一个释义是：The aromatic root of certain East Indian plants of the genera *Alpinia* and *Kampferia*，formerly much used in medicine and cookery. 举了上述《坎特伯雷故事》中的例子。照这个解释，黄译"良姜"更准确。高良姜又称良姜、小良姜。分布范围：中国华南地区，云南、广东、广西及台湾地区均有种植。既可入药又可以作为香料用于烹饪，《坎特伯雷故事》中说用来炖鸡，可见高良姜早在乔叟生活的时代，大约在十四世纪，就已经传入英国。另据语言学家罗常培先生在《语言与文化》一书中说：远在乔叟之前 350 年，英文中就已经出现了 galingale 这个词（参见 Rev. G. A. Stuart 所著 *Chinese Materia Medica* 一书第 31 到 33 页）。罗先生还说：galingale 此字在中世纪时的西行路线，一般以为是汉语（广东话）经波斯语、阿拉伯语、法语再到英语。《古兰经》的中文译者、已故北京大学东语系马坚教授认为：阿拉伯人译高良姜为 khulinjan，传入德国后德语为 galingal，传入英国后再变为 galingale。值得注意的是，罗常培先生在书中把"高良姜"写成"高凉姜"，不知是否受到了《牛津大词典》里 mild ginger from Ko 释义的影响？

Gulosity 咕噜斯吞

约翰·萨瑟兰的《文学趣谈》是"一部妙趣横生的文坛'八卦集锦'，满纸透着精深学问的'闲言碎语'"（参见上海译文出版社艾黎译本封底介绍文字）。其中的一个"八卦"便是约翰逊博士的 Gulosity 一词，艾黎译为"咕噜斯吞"，可谓音义结合，算得上是妙译。萨瑟兰说这个词为约翰逊博士所造，此说不确。查约翰逊博士自己编写的《英语大词典》，他首先指出该词源自拉丁语的 gulosus，他给它下的定义是：贪婪、好吃、暴饮暴食，给出的例子是 1646 年一位叫做 Sir. T. Brown 的所写：他们很节制，极少醉酒，也没有在咕噜斯吞或过量食用肉类上犯错（They are very temperate，seldom offending in ebriety，nor erring in gulosity，or superfluity of meats.）。再查《牛津大词典》可知，这个词最早在英语中使用是在 1500 年左右，例子是"传染了咕噜斯吞（infect with gulosity）"。接着又举了 1528 年出现的一个例子：这个毛病有多次碰巧发生在喜欢咕噜斯吞的猪身上（This disease chances many times to swine through their gulosity.）。随后的例子正是约翰逊在其词典里引用的。1791 年出版的《约翰逊传》中，包斯威尔提到约翰逊在《漫谈者》第 206 篇里大肆抨击了"咕噜斯吞人"。萨瑟兰在《文学趣谈》中说这个"咕噜斯吞人"是约翰逊博士为这篇文章塑造的角色，他"凭着巧妙的溜须拍马，每天吃二十盘菜，一天不漏，然后富足地死去。而且肥硕得很"(《文学趣谈》第 8 页）。《牛津大词典》里还提供了两个关于"咕噜斯吞"的例子，其中较为著名一个例子取自托马斯·卡莱尔的不朽巨著《法国大革命》，不过极为简单，只是截取完整句子中的一部分，读者不易理解其中的意义：corruption among the lofty and the low，gulosity，credulity，imbecility. 为了便于读者理解，我把整个句子补充于后，译文为笔者自译，不一定准确到位：惊愕！欧洲足有九个月笼罩在神秘莫测的氛围中；看见的仅仅是谎言里隐藏着的谎言；腐败在高贵者和卑贱者中到处存在，有人暴殄天物（咕噜斯吞），有人轻信上当，有人愚蠢可笑，只有饥饿才能激发力量。（Astonished Europe rings with the mystery of nine months；sees only lie unfold itself from lie；corruption among the lofty and the low，gulosity，credulity，imbecility，strength nowhere but in the hunger.）

（发表于 2021 年 5 月 25 日《上海书评》）

译名背后

《辰子说林》是《新民晚报》副刊"夜光杯"首任主编张慧剑先生（1904—1970）撰写的一部重要作品，上海书店出版社的"出版说明"里对这部书的评价颇高："是书涉略甚广，凡史实考辩、古今掌故、时局评论、里巷稗史、遗闻搜寻，无所不有。"匆匆浏览一过，觉得评价中肯，诚然如此！张先生以博览群书、知识渊博见称，《辰子说林》即是其深厚学养的集中体现。书中有一则笔记题为《一译名之微》，借一位朝鲜同志（李百拂）与作者说的一番话来说明我国翻译史上一重要问题：外国国名翻译背后的译者心态和国家的对外态度。文字不多，抄录如下："……中国根据译音字其邻国，英也，德也，美也，法也，……在中国语法中皆为懿词，皆含好意，若日本则适相反。字德国曰独，意谓独夫之国也。字旧俄曰鲁，意谓愚鲁，经旧俄政府抗议，始改为露，盖诅咒其将于旭日（日本自命）之下消灭，仍为恶词。字美国曰米，表面似无他，实则形容其可以吃下去耳。"这位朝鲜同志据此认为："中日两国之立国风格迥乎不同，中华信乎为泱泱大邦，……已可见其对世界友国之诚挚态度，非浅薄险隘之日本所能及也。"整则笔记都是朝鲜同志所说的话，张先生没有发表自己的评论，但从该书发表的时间（1946 年 2 月）及洋溢全书的作者对日寇侵略中国的愤恨之情，不难推断张先生是完全同意朝鲜朋友的观点的。

其实，在我国翻译史上，我国古代译者译外国或异族地名、人名、朝代名，跟日本人一样，也多用“恶词”。据陈传席《悔晚斋臆语》(中华书局，2007 年版）一书中考证，在我国的古代典籍诸如《后汉书》和《晋书》中常用：奴、倭、赖、卑、乞、犬、吠、痢、龟、婆、尸、秽、拘、月（肉）、腓等字来翻译外国或异族的地名、人名、朝代名。比如：匈奴、倭奴、贺赖、寇头、鲜卑、乞伏、秃发缛檀、秃发乌孤、犬戎、吠陀、大月支、爪哇、身毒（古代印度）等等。只是到了 18 世纪以后，中国译者翻译欧美等外国地名、人名等多用“懿词”：英吉利、美利坚、德意志、法兰西、意大利、奥地利、比利时、保加利亚、爱尔兰、芬兰、荷兰、瑞典、瑞士、加拿大、刚果、智利、哥伦比亚、古巴等优美壮雅之词。陈传席先生认为之所以译名会有如此变化反映了译者的心态之变化，古之译者气盛，气盛则国盛，故有大秦、大汉、大唐之谓也。18 世纪以降，我国屡受外国欺凌，译者由气盛变气弱，气弱则国弱。我认为，我国古代译者的这种态度极有可能影响了日本译者。不过，我不懂日文，不知如今的日文中是否还用“恶词”来称呼外国。

我不敢苟同陈传席先生的观点，难道把美利坚译为“霉里尖”、英吉利译为“痈肌里”(均为陈先生译文，感兴趣的读者可参看陈传席《悔晚斋臆语》中《古今翻译之异》一文），我们的气就盛了？且由气盛而国盛了？陈先生这样想还是天真了点。我倒是觉得前引张慧剑先生的那位朝鲜同志的观点更容易让人接受：弃“恶词”用

"懿词"来翻译外国地名、人名等是"正确之立国态度",体现了大国之博大胸怀。不妨再引几句《一译名之微》里的话来结束本文:"……(中国)表现一种高崇博大、深广平适之风格,洵为最正确之立国态度,反照日本,益秽鄙不堪矣。"

英语学习中如何提升阅读水平

——浅谈精读课的教学

　　精读课是外语专业学生的专业必修课，它贯穿一至四年级，每周课时多、任务重，是学生四年学习生涯中一门重要的基础课程。上海外国语大学英语学院在人文化改革过程中将精读课分为基础英语和高级英语两个阶段，前者针对一、二年级的精读课而言，后者针对三、四年级的精读课而言。笔者长期负责高级英语课的教学，因为教学时间长，积累了一些经验，不妨贡献出来，请大家批评指正。

　　所谓精读课，就是分析性的阅读课，即对所选课文进行分析。课文由内容和形式两部分组成，都需要分析。课文的形式主要包括语法、词汇和修辞手段，也就是一些语言现象。精读课作为语言课，其教学重点理所当然应该放在对语言现象的分析上。但是语言现象不是孤立的，而是相互联系的，并且是和课文的思想内容分不开的。因此在分析课文时，教师必须同时分析语言现象和思想内容。因此，通过分析语言现象来理解课文的思想内容和作者的态度、意图和情感是精读课的主要任务。在长期的教学实践中，我发现许多学生，尤其到了高年级后，语言基础较之前已经有了长足的进步。学生情况发生了变化，教师的教学也要随之变化，即在同样多的课时里要减轻对语言现象的分析分量，同时相应增加对思想内容的分析分量。

《新编英语教程》第 8 册（李观仪主编）里有一篇题为 *Happiness* 的课文，作者开门见山地写出了自己的观点："No other country in the world has worked the notion of happiness into its Constitution ...",并且指出 life，liberty，and the pursuit of happiness 是 "three inalienable rights"。笔者让学生对比了法国大革命期间提出的公民享有的 liberty、equality、fraternity 三项权利，了解美国宪法在此基础上作了怎样的改动，为什么要有所改动。接着，文章作者指出 "happiness" 这个概念的演变，由 "good luck happens to sb." 演变为 "to pursue happiness"，意味着 "happiness" 不是上帝赋予的，而是靠人类自己追求而获得的。讲到这里，笔者向学生提问："作者这样写的用意何在？"（The purpose of studying in this text is to enable us readers to penetrate the essence of happiness and gain an insight into the meaning of life.）文章作者为了阐明自己的意图，追述了 "happiness" 的词源：

The word itself only appeared in our English language during the sixteenth century, and is etymologically and, yes, spiritually connected to the word "happen" — which, of course, has to do with the occurrence of event. Happiness in Shakespeare's time, and later as well, referred to good fortune, good luck, to favorable circumstances visited, somehow, on a particular person who registered such a state of affairs subjectively with a condition of good cheer, pleasurable feeling.

然后笔者问学生："What does the author intend to bring out by looking at the etymology of the word 'happiness'？"学生们经过讨论后，认为作者强调概念演变的用意是"幸福和快乐是靠人们的追求才能获得的"。为了进一步加深学生对课文思想内容的理解，我把 OED（*Oxford English Dictionary*）上"happiness"在莎士比亚作品里的例子及其中文翻译展示给学生看，同时指出中文翻译的得和失。

Happiness

1. Good fortune or luck in life or in a particular affair; success, prosperity.

Shakespeare's *Two Gentlemen of Verona* Act I Scene 1 Line 14：

Wish me partaker in thy happiness

When thou dost meet good hap.

梁实秋译本（以下简称"梁译"）：你若是遇到什么得意的事，要盼着我分享你的幸福。

朱生豪译本（以下简称"朱译"）：当你得意的时候，也许你会希望我能够分享你的幸福。

两个译文都把"happiness"翻译成了"幸福"，其实不是很合适，应该译为"好运""运气"更符合原意。

2. The state of pleasurable content of mind, which results from success or the attainment of what is considered good.

Shakespeare's *Cymbeline* Act V Scene 5 Line 26：

To sour your happiness I must report the Queen is dead.

梁译：虽然扫你的兴，我不能不报告王后死了。

朱译：不怕扫了你的兴致，我必须报告王后已经死了。

两位译者对这句台词里的"happiness"理解无误。

3. Successful or felicitous aptness, fitness, suitability, or appropriateness; felicity of expression.

Shakespeare's *Hamlet* Act II Scene 2 Line 213

How pregnant sometimes his replies are?

A happiness that often madness hits on.

梁译：他的回答有时候是何等的巧妙啊！疯人偏能谈言微中。

朱译：他的回答有时候是多么深刻！疯狂的人往往能够说出理智清明的人所说不出来的话。

卞之琳译本：他的对答有时候多有意思！疯有疯福，往往出口成章。

黄国彬译本：发疯的人说话，往往一针见血。

林同济译本：疯里撞灵机，脱口生妙趣。

王宏印译本：人疯而言谈不疯，非理智清明之常人所能言中。

上述译文各有千秋，除了卞之琳先生的译文理解有所偏差外，其他译文基本准确无误。

最后，我引用了英国当代作家 Alain de Botton 在 *The Consolations of Philosophy* 一书中有关古希腊哲学家伊壁鸠鲁对"happiness"的论述。伊壁鸠鲁给什么是真正的"幸福"或"快乐"开具了一份清单：

What is and is not essential for happiness?

Natural and necessary: Friends, Freedom, Thought, Food, Shelter, and Clothes.

Natural but unnecessary: Grand house, Private baths, Banquets, Servants, Fish, and meat.

Neither natural nor necessary: Fame and Power.

通过分析上述内容使学生更加明确应该追求什么样的幸福和快乐，得到了什么才能使人感到真正的幸福和快乐。"名声"和"权力"既不是自然的也不是必须的，因而即便拥有了也不会带给你幸福和快乐。借此机会，我又向学生推荐了美国著名诗人 Emily Dickinson 的一首小诗 *Fame is a Bee*：

Fame is a bee.

It has a song——

It has a sting——

Ah，too，it has a wing.

诗人在这首充满哲理的诗里向我们阐明了这样的道理：A bee can sing a song that makes people happy. A bee has a sting which makes people fear it. A bee has a wing that enables it to fly away from people. Fame is sweet to have，bitter in after-taste，and transient in nature. It can please you and it can hurt you. It can never stay with you forever.

阅读中包括精读和泛读，是语言输入和积累的主要来源。在外语教育和外语学习中，阅读——尤其是精读——起着不可替代的重要作用。即使在目的语国家，普通公民也需要经常读书看报才能加强语言的运用能力，否则难以胜任其所承担的工作，更难以应对日趋激烈的竞争。

下面，笔者列举几位英语专家有关阅读重要性的论述，引文均出自《英语学习》杂志：

熊德輗（北京外国语大学）："学习英语没有任何捷径可走，老想找捷径的人是永远学不好的，要想学好必须定下心来打一场持久战。……不要忙于'对口'（学专业英语）。如果基础没有打好，甚至英语还没有入门想学好专业英语是绝对不可能的。"（《英语学习》

1999 年第 4 期）

现在很多高校都开设了各类专业英语，如商务英语、法律英语、财经英语、会计英语等，不一而足。但学生学得怎么样呢？说实在的，教和学的效果都乏善可陈。熊教授上述这番话虽然是 20 年前说的，但今日听来仍有极强的现实意义。

胡文仲（北京外国语大学）："对于初、中级英语学习者，我特别推荐英语简易读物，读的材料要浅易，故事性要强，读的速度尽可能快一些，读得越多越好。这是学好英语屡试不爽的一个好办法。"（《英语学习》1999 年第 8 期）

胡文仲先生这里所说的"读"应该算是"泛读"，但他说的"读得越多越好"也不妨用在"精读"上。

何其莘（北京外国语大学）："用英语思维是许多英语学习者都希望达到的境界。从我自己学习英语的经历中，我体会到坚持大量阅读是实现这一目标的最有效的途径之一。"（《英语学习》2000 年第 4 期）

另外，笔者的老师、上海外国语大学的李观仪教授也曾反复教导学生：要提高英语水平必须依靠不间断的大量阅读，而阅读又必须做到精读和泛读结合。笔者的博士导师、改革开放后国内第一批公派留学澳大利亚的"九人班"（the Aussie school）成员之一、英美文学研究专家侯维瑞先生也一直强调大量阅读文学作品的重要性，他生前曾要求我把 Jane Austen 和 Henry James 的作品读熟、读透，这样英语自然就读通了。同为"九人班"成员之一、华东师范大学的澳大利亚文学教授黄源深先生也非常重视英语教育中阅读，他说："我认为要真正学好外语，就要大量地读、大量地写、大量地听、大量地讲，而前两者尤为重要。阅读的好处何在呢？阅读是在语境中学习外语，所学得的语言是地道的、自然的、活生生的，学起来也快。大量阅读又能培养学习者的语感，而语感对外语学习是非常重要的。……阅读有助于扩大知识面，提高人的人文素质，那更是不争的事实。"

以上关于阅读重要性的论述都是外语教育界前辈们的经验之谈，值得我们今天的外语学习者借鉴。

最后，笔者想谈谈精读课教学的选材。精读课应该而且必须教授和学习文学经典。有人反对"文学路子"，认为精读课上文学材料过多，而且有些文章过时了，要多读科普和科技类文章。这种观点失之偏颇，科普和科技类文章的结构和意义都比较简单直接，值得分析的内容较少，也难以帮助学生培养起语感。其实，语言中最优美、最有力，但也最复杂、最难学的部分，往往出现在文学作品里。当学习者能够熟练地分析和鉴赏文学的语言后，会觉得其他种类的语言都很简单。因此，多读一些文学作品，多接触和感受文学语言，无疑可以帮助学习者培养对语言的鉴赏能力，即在语言方面的敏感。文学是语言的艺术，不多读文学作品，要提高语言能力岂不是空谈？学英语不读英美文学经典，只死记硬背单词和语法规则，要想灵活掌握英语，岂不是空想？所以，无论是中文还是英文，要学好一门语言，最有效的办法就是阅读文学经典。

那么，如何在精读课上阅读经典文学作品？常常有学生问笔者，阅读经典文学作品应该从哪里读起？这里不妨用英国著名作家Arnold Bennett 的说法来回答。在《文学修养》(*Literary Taste*) 一书中，Bennett 不无风趣地说道："暂且不管抽象的文学，不管文学的理论，请你抓住文学的本身，抓住文学的作品，好像小狗抓住一根肉骨头。如果你要问我，应当从什么地方开始，我也许会瞪着两只眼睛，回答不出来，好比小狗问我应当先向骨头的哪一头进攻一样。从什么地方开始一点也没有关系。你爱从什么地方开始就从什么地方开始。文学是一个整体。你爱从什么地方开始，就从什么地方开始。"（Do not worry about literature in the abstract，about theories as to literature. Get at it. Get hold of literature in the concrete as a dog gets hold of a bone. If you ask me where you ought to begin，I shall gaze at you as I might gaze at the faithful animal if he inquired which end of the bone he ought to attack. It doesn't matter in the slightest degree where you begin. Begin wherever the fancy takes you to begin. Literature is a whole.）他接着说："不过这里却有个限制，这就是，你应该先读大家公认的文学名著，避免阅读近代的作品。"（There is only one restriction for you. You must begin with an acknowledged classics；you must eschew modern works.）读大家公认的文学名著当然没有错，但为什么要避免阅读近代作品呢？Bennett 给出了他的理由："理由很简单，就是你还没有本领去选择近代的作品。天地间没有一个人能够精选近代的作品。要把麦子从秕糠里筛出来，需要一段很长的时间。近代作品还没有经过多少代鉴赏界的裁决。至于过去的文学名著，那就不同了，它已经通过了这种严格的试验。你的鉴赏力应当通过文学名著的法庭裁决，这就是理由。如果你对某种文学名著不赞成，那是你自己不对，没有读到家，不是那部作品不好。如果你对某部近代作品不赞成，那你也许对，也许不对，没有人敢说肯定的话。你的鉴赏能力还没有养成，你需要引导，需要权威的引导。"（The reason why you must avoid modern works at the beginning is simply that you are not in a position to choose among modern works. Nobody at all is quite in a position to choose with certainty among modern works. To sift the wheat from the chaff is a process that takes an exceedingly long time. Modern works have to pass before the bar of the taste of successive generations. Whereas, with classics, which have been through the ordeal, almost the reverse in the case. Your taste has to pass before the bar of the classics. That is the point. If you differ with a classic, it is you who are wrong, and not the book. If you differ with a modern work, you may be wrong or you may be right, but no judge is authoritative enough to decide. Your taste is unformed. It needs guidance, and it needs authoritative guidance.）

　　文学是人文教育的重要组成部分。在外语学习中，人文教育是无论怎样强调都不为过的。英国作家、诺贝尔文学奖得主 Doris Lessing 曾经到访过上海，她的一句话曾给人留下深刻的印象，引起强烈的共鸣，她说："在英国，有高学历的'野蛮人'越来越多。这些'野蛮人'懂得最先进的科技知识，能操纵最复杂的机器，但缺乏感情，缺乏情趣，缺乏宽容、博爱的精神。造成他们'野蛮'的原因，是因为他们不读经典文学作品。"

　　最后，笔者想引用英国著名作家 Virginia Woolf 在 *The Common Reader* 一书开头的一段话作为本文的结语，笔者自己每次读这段话都会被感动：

Yet who reads to bring about an end, however desirable? Are there not some pursuits that we practise because they are good in themselves, and some pleasures that are final? And is not this among them? I have sometimes dreamt, at least, that when the Day of Judgment dawns and the great conquerors and lawyers and statesmen come to receive their rewards—their crowns, their laurels, their names carved indelibly upon imperishable marble—the Almighty will turn to Peter and will say，not without a certain envy when he sees us coming with our books under our arms，"Look，these need no reward. We have nothing to give them here. They have loved reading."

（但是，有谁是为了达成一个目标——不论这目标是多么理想——而看书的？难道就没有一些事是我们纯粹出于欣赏和喜爱而做的吗？难道没有一些乐趣其本身就是目的吗？"阅读"不就是其中之一吗？至少我往往梦见在最后审判那天，那些伟人——征服者和律师和政治家——都来领取皇冠、桂冠或永留青史的英名等奖赏的时候，万能的上帝看见我们腋下夹着书走近，便转过身子，不无欣羡地对彼得说："等等，这些人不需要奖赏。我们这里没有任何东西可以给他们。他们一生爱读书。"）

（发表于《英语学习》2020 年第 1 期）

第三辑

书评

顾颉刚与《孙子兵法》英译本

　　钱谷融先生主编的"近人书话系列"里收有《顾颉刚书话》一种（印永清辑，魏得良校，浙江人民出版社，1998 年版），全书将顾颉刚的读书笔记选辑成为四辑，在其中的"书林谈丛"一辑里有"剑桥格芮非司来询《孙子》书之年代"一文，文章引起了我的注意。我的藏书中正好有一本格芮非司（Samuel B. Griffith）翻译的《孙子兵法》，乃是 1963 年牛津大学出版社的初版本。记得此书是多年前在我住家附近的一家旧书店以极为便宜的价格购得，当时对照中文原文读过一遍，在"致谢"（Acknowledgements）部分译者提到自己应剑桥大学李约瑟博士之介得以联系上了郭沫若和顾颉刚，函询翻译中遇到的一些问题。读了《顾颉刚书话》中的文章才知道格芮非司函询的主要问题以及郭、顾两位的答复情况。

　　格芮非司的问题主要是：《史记》里的《孙子吴起列传》是否正确，《孙子兵法》是否可靠？过去七百年间，中国学界对孙子及《孙子兵法》的研究情况如何？孙子的生卒年及《孙子兵法》的成书时间；"弩"出现在《兵法》中是否可以借此确定铁器使用的年代；四匹马拉的马车使用的年代；以及毛泽东主席及其他著名将军

们曾引用过《兵法》并且有所评论，是否有相关研究可资参考？郭
沫若就这些问题在信函上作了批示：一、《孙武传》不可靠，是小
说。《孙子兵法》是战国时书，作者不知何人，是否即孙膑也难定。
《韩非子·五蠹》篇有"藏孙、吴之书者家有之"，足见流传甚广。
二、弩在古代用铜制，不必涉及铁的问题。三、铁兵的使用是在战
国末期。铁的使用可以提前，作为耕具，在战国相当普遍。春秋时
的铁器尚未从地下发现。四、驷马之乘可作各种使用，作为战车，
也可以作为普通的乘舆。根据古铜器的花纹，可以用来打猎。殷王
打猎却是两马拉的车子。五、主席和其他将军们在文章中偶有《兵
法》的引用，但无专门研究性质的评论。郭沫若的批示基本回答了
格芮非司的问题，但他仍指示顾颉刚详细作答。查阅 2007 年台北
联经版的《顾颉刚日记全集》可知大致情形：

　　1958 年 5 月 29 日郭院长（郭沫若时任中国科学院院长，顾颉
刚所在的历史研究所隶属于中国科学院。）交下《孙子》问题，因
将此书翻览一过。记笔记三则。5 月 30 日看《孙子兵法》。抄格芮
非司原函及郭院长批语入笔记。搜集批判《孙子》资料。6 月 11 日
收集《孙子》材料。6 月 12 日搜集《孙子兵法》资料，并抄出。6
月 13 日……看《孙子》。6 月 18 日综合所得资料，写《孙子的作
者》一千五百字。即抄清。6 月 19 日将昨作文抄入笔记。写郭院
长、尹达、（胡）厚宣信，托萧风送所（历史研究所）。1958 年反右
派运动正在中国大陆如火如荼地进行，顾当时正忙于写"交心"文
章，自云"在整风运动中苦不得闲"，接到郭沫若指示后，"越两旬
乃答之"。从 5 月 29 日接到指示到 6 月 19 日"写郭院长信"前后
二十天，正好"两旬"。这里需要稍事说明：读书笔记在顾颉刚的
著述、治学中占有极其重要的地位。据估计，顾氏一共写有约二百

册笔记，计三四百万字。他生前曾有整理并出版自己的读书笔记的计划，未能如愿。这一计划在他去世十年后，即 1990 年，终获实现。台湾联经出版事业公司出版了十卷 15 册精装本的《顾颉刚读书笔记》。顾氏在郭氏基础上就孙子其人及《孙子兵法》的成书年代作了详细答复。从英译本可以看出格芮非司对郭、顾两位的意见全盘接受，同时也有所引申和拓展，所以这是一个十分严谨并且具有很高学术价值的译本。1960 年，格芮非司在牛津大学获得博士学位，他的博士论文就是《孙子兵法》的翻译，这部译著是在博士论文的基础上经过修改而写成的。这部译著不只是翻译，学术研究兼而有之，据说在英美军队中流行甚广。

顾颉刚认为，中国学界对《史记·孙子吴起列传》从北宋起即怀疑其正确性，直至现在。北宋梅尧臣认为：这是战国的战术，和三代（夏商周）的战术不同。南宋叶适认为《左传》记春秋时事最详细，而在《左传》里连孙武的姓名都不见，遑论他做过的事情了。春秋时各国将兵的官员都是管理政治的卿，没有专职将军；孙武不为卿而专任将军，这和春秋时代的政治制度不合。孙武在吴王阖闾面前用妇女来试验战事，这是不足信的故事。叶适的意思是孙武此人根本不存在。南宋末年的陈振孙在《直斋书录·解题》中支持叶适的说法，认为《孙子兵法》虽是古书，但孙子其人的时代是不明不白的。到了明代中期，胡应麟认为孙武的功业表现在吴楚两国间这般显明，《左传》不应不载。大概是战国时的策士因为孙子讲兵法讲得好，所以造出这段故事，表示他不是徒托空言。清代初年，姚际恒在《古今伪书考》里也用了梅尧臣和叶适的话来怀疑《孙子兵法》一书。结论是：孙武究竟是否有其人？还是有其人而不像司马迁所说呢？他的书是自己所作的，还是后学者代作的呢？这都是不得而知的事情了。顾氏这段话被格芮非司原封不动地直接录入"作者其人"（The Author）一章中：But then, did this Sun Wu exist or did he not? Did he exist, but not necessarily as Ssu-ma Ch'ien relates? Was the book ascribed to him written by him? Or was it written by one of his later disciples? None of this can be determined. 清代中叶，全祖望在《鲒埼亭集·孙武子论》里也认为《左传》《国语》里都没有说到孙武，这十三篇书确实出于知兵者之手，可是孙武的故事是战国时纵横家所伪造的。格芮非司将这一观点也实实在在地照录不误：Naturally the Thirteen Chapters were produced by someone well versed in military matters. Sun Wu and his book were fabrications of disputatious sophists。顾颉刚还列举了日本学者斋藤拙堂和武内义雄对《孙子》的研究，最后的结论是《孙子》绝不作于春秋时。既然不作于春秋时，即与吴军攻楚入郢无关，《史记·孙子吴起列传》全不可信。格芮非司在顾颉刚的基础上还加入了梁启超的观点，梁氏也否认了孙武有其人。值得注意的是，格芮非司还引用了冯友兰《中国哲学史》中的观点：在春秋时代，没有人会直接用自己的名字著书立说。如果要读他们的书，就需要从他们对友人和学生的言论集和书信中去辑录。所以不会有以孙武冠名的《孙子兵法》一书。据李零在《唯一的规则》一书（《唯一的规则》，生活·读书·新知三联书店，2014年版，第5页）中说：1930年，冯友兰写《中国哲学史》第一篇，他曾拒收《孙子兵法》。但1958年和1980年冯友兰两次写《中国哲学史新编》时都收入了《孙子兵法》。格芮非司在"作者其人"一章中的结论是：虽然"作者不详"（Authorship Unsettled），但从原创性、一以贯之的文风以及主题的层层推进等方面都表明，十三篇绝不是多人写作而后由一人编辑而成，而是由一位既具有实战经验又有丰富想象力的个人创作而成。

　　格芮非司《孙子兵法》英译本专门列了"孙子与毛泽东"一章。特别提到了毛泽东的《论游击战》《论持久战》和《中国革命战争的战略问题》三篇文章。详细讲述了毛泽东在战争时代如何反复引用《孙子兵法》取得战争胜利的历史。特别指出毛泽东在井冈山时期提出的"敌进我退，敌驻我扰，敌疲我打，敌退我追"的红军游击战术十六字诀，是对《孙子兵法》的继承和发展。格芮非司所引用的毛泽东著作是 1955 年伦敦出版的英文本《毛泽东选集》。

　　格芮非司《孙子兵法》英译本书后有四个附录，其中的附录三是《西方语言中的孙子》，从中可以知道：《孙子兵法》先后被翻译成了法语、英语、德语和俄语等西方主要语言。最早的是法译本，出版于 1772 年，译者是法国来华传教士钱德明（J. J. M. Amiot），此人长期居住在北京，直到 1794 年在北京去世。有关钱德明的详细信息，读者可参看龙云所著《钱德明：18 世纪中法间的文化使者》一书。最早的英译本出现在 1905 年，在日本服役的英国上尉 E. F. 卡尔斯洛普从日译本转译了《孙子兵法》，这个日译本本身十分糟糕，英译本的情形就可想而知了。著名汉学家翟林奈（Lionel Giles）对这个英译本极为不满，亲自动手翻译了《孙子兵法》，于 1910 年在伦敦出版。自 1910 年之后到 1963 年格芮非司英译本出现之前，《孙子兵法》尚有三个英译本，都出版于二战期间。格芮非司认为这三个英译本都不够忠实，因而流传不广，价值也不大。

　　据我所知，继格芮非司英译本之后，《孙子兵法》又出现了七个较有影响的英译本，分别是：1988 年出版的 Thomas Cleary：*The Art of War*；1993 年出版的 Roger Ames：*The Art of Warfare*；2003 年英国企鹅出版社出版的 John Minford：*The Art of War*；2011 年出版

的 Philip Ivanhoe：*Master Sun's Art of War*；以及 2020 年刚刚由诺
顿出版公司推出的 Michael Nylan：*The Art of War*。另外还有两位中
国译者翻译的《孙子兵法》：林戊荪翻译的 *Sun Zi：The Art of War*
和 *Sun Bin：The Art of War* 合译本，由人民中国出版社于 1995 年
出版；1999 年袁士槟翻译的：*The Art of War*，出版方是英国著名的
Wordsworth Classics of World Literature 出版社。据统计，《孙子兵法》
的英译本迄今为止一共有 33 部之多，足见其在英语世界影响之大。

（发表于 2021 年 1 月 12 日《文汇报》"笔会"）

　　文章在 2021 年 1 月 12 日的《文汇报》"笔会"发表后，有读者
来信指出在英语世界还有一个《孙子兵法》的译本影响较大，值得
一提：这个英译本的译者是美国汉学家、有"北美敦煌学第一人"
之称的梅维恒（Victor Henry Mair），他在 2007 年出版了 *The Art of
War：Sun zi's Military Methods* 一书。梅维恒以自己丰富的汉语词源
学知识，大胆提出孙子乃孙膑的设想。本书的翻译也秉承他一贯忠
实原文的风格。

1666 年的那场伦敦大火

　　1666 年对于英国而言真是十分不幸的一年：与荷兰、法国的战争仍在继续、1664 年年末爆发的瘟疫仍在肆虐、9 月初在伦敦又引发了一场前所未有的大火。英国诗人约翰·德莱顿在创作于 1666 年的长诗《奇迹之年》(*Annus Mirabilis*) 的序言里写道："……一场代价昂贵却又必要的战争、一场吞噬一切的瘟疫、一场更具破坏力的大火。"另一位同时代的英国诗人安德鲁·马维尔在《给画家的第三条忠告》里也质问道："战争、大火和瘟疫都合起伙来对付我们；我们挑起战争，上帝降下瘟疫，谁引发了大火？"关于战争、瘟疫和伦敦大火的文献和书籍可谓汗牛充栋，最近还有一位英国作家、历史学家瑞贝克·里迪尔写有专书《1666：瘟疫、战争和伦敦大火》(韩丽枫译，浙江文艺出版社，2021 年 6 月版)；英国传记作家、小说家和文学评论家彼得·阿克罗伊德的《伦敦传》(翁海贞等译，译林出版社，2016 年版) 也多有涉及。《伦敦传》的第二十一章"把城市涂成红色"以大量的数据和文字记载叙述了伦敦这座城市"似乎总在邀请火灾与毁灭"(183 页) 的事实，从公元 69 年开始直到 1993 年 (这一年伦敦发生了近 225 起火灾)，伦敦遭受了难以数计的大小火灾，"火成为这座城市的一大特征，甚至被称为'火国王'"。（185页）阿克罗伊德也写道，大火之后"到处可见人们的恢复精神劲，思考着修理老城，重建新城"（189页）。伦敦一次次地遭受火灾，又一次次地劫后重生。阿克罗伊德作为文学评论家对英国文学史上涉及伦敦火灾的文学叙述极为熟悉，因此对关于火灾的文字描述信手拈来，巧妙地穿插在自己的行文之中。所以，《伦敦传》一书对于我这样一个以学习和教授英国文学为职业的人来说感觉尤为亲切。本文结合我所感兴趣的英国十七世纪的两部著名《日记》：塞缪尔·佩皮斯（Samuel Pepys）和约翰·伊夫林（John Evelyn）的日记，加上阿克罗伊德这部传记，来谈谈1666年伦敦发生的那场大火。

1666年9月2日凌晨三点钟，女仆简（Jane）叫醒了佩皮斯夫妇，告以城里起火的消息。佩皮斯披上睡袍来到女仆房间的窗前，以为火灾发生地离自家还远得很，于是又回到床上继续睡觉。其实，这场大火一个小时前就在布丁巷（Pudding Lane）国王的面包师托马斯·法利纳家的房子里开始了。但是后来审讯时，法利纳坚称上床睡觉前，他"查看了每个房间，没有发现任何火苗，除了一个壁炉，并且那个房间铺了地砖，并且他勤快地耙了灰烬"（《伦敦传》186页）。总之，不管怎样火就这样烧起来了。法利纳和儿子、女儿通过窗户爬上屋顶得以逃生，女仆因为害怕没能跟上他们，最后命丧火海。虽然大火的真正起因从来没有找到，但阿克罗伊德的推测不无道理：那年8月天气异常，炎热干燥，大街小巷的房子都为木结构；火势起来后，强劲的东南风使得火势越来越猛烈。布丁巷的火迅速蔓延到了鱼街（Fish Street）和伦敦桥，随后沿着泰晤士河街一直渗透进了老天鹅胡同（Old Swan Lane）、圣劳伦斯胡同和兜街。佩皮斯说，他"走向泰晤士河畔，搞到了一只船，穿过伦敦桥下，看到了熊熊大火"。大火向"老天鹅剧院"方向烧去，越烧越远，很快波及"钢铁厂"（Steel Yard）。佩皮斯注意到有些市民带着从火里抢出来的财物，逃到泰晤士河上的小船、驳船和划艇上。佩皮斯还观察到"鸽子不肯离去，环绕着窗子阳台飞翔不忍离去，有些鸽子的翅膀被烧，鸽子坠落而死"。佩皮斯在大街上盘桓了一个小时左右，只见大火已经失控，到处肆虐，却不见有人来救火，人们只知道搬运财物，却无暇顾及火势蔓延，直烧到钢铁厂。火势在风力的推动下越来越盛，甚至连附近的教堂也着了火，最后倒塌了下来。佩皮斯匆忙赶到了皇宫，国王查理二世召见了他，他把亲眼所见的火势情况报告了国王和约克公爵。佩皮斯认为除非国王命令拆除房屋，不然无法阻止凶猛的火势。国王和公爵面露忧戚之色，国王命令佩皮斯立即去找伦敦市市长托马斯·布鲁德沃斯，请市长下达命令，凡火势所趋，一切房屋尽行拆除，不必有丝毫惋惜。但市长大人心里清楚，非法拆毁房屋，人们会向他索要经济赔偿。约克公爵也让佩皮斯转告市长，如需更多兵力，他的士兵立即可以驰援。佩皮斯后来在坎宁街（Canning Street）遇到了市长，市长当时已经精疲力竭，脖子上围着一块手绢。佩皮斯在日记中颇为生动地记录了市长当时的情形："听到国王的命令，他大叫起来，像是一个马上要昏厥过去的女人（he cried like a fainting woman）：'主啊，我有什么办法呢？我精疲力竭了：谁都不听我的话。我已经拆毁了一些房子，但是火势来得太快，我们来不及拆。'"市长认为"他不需要更多的部队，他本人必须去休息一下，他已经整整一个晚上没有合眼。于是他向我告辞，我走回家去，一路上看见人们几乎像发了疯一般，而对于救火却表现得毫无办法"。这位伦敦市长后来成了众矢之的，受到了举国上下的一致指责，说他玩忽职守。

佩皮斯大约是在中午十二时左右回到了家。家里高朋满座，因为在当天（9月2日）日记开头他说到家里的几个女仆昨夜工作到很晚，要准备今天的宴席，他今天要宴请一些贵客。尽管大家因为火灾而大感惶恐，不知如何是好，但还是享受了一顿颇为丰盛的晚餐。饭毕，佩皮斯与客人一道来到大街上，只见"街上全是人、马与载物的车，随时互相冲撞，并且人们从一处火烧的房子抢运物资到另一处去"。其中他的一个朋友斯托克斯接受他人寄存物资，可是他自己的家第二天也被大火烧毁了。佩皮斯送走了客人，继续观看火势，发现火势蔓延更广，没有被遏制的迹象："一片凶恶可怖的火海，迥非寻常火焰可比"；"大火已成为一个完整的拱门（one entire arch of fire），从桥的一边到桥的另一边，罩在山陵上像一弓形（in a bow up the hill），长达一英里以上"；"教堂、房屋，一切都在燃烧中；火焰发出可怖的声音，房屋倒塌时轰然作响"。佩皮斯怀着沉重的心情回家，家人都在谈论这场大火，忧郁悲伤之情溢于言表。一个家住鱼街的朋友（Tom Hater），家被烧毁了，带着抢救出来的物资来投靠他，他热情地接待了朋友，安排他休息。但是火势蔓延的消息不断传来，佩皮斯自己家也不得不开始收拾东西，准备搬离。

那一夜，大火从切普赛德（Cheapside）街蔓延到泰晤士河，沿着康希尔山、伦敦塔街、芬尔奇街、慈恩堂街一直烧到贝纳德堡。英国文坛上另一位与佩皮斯齐名的日记作家约翰·伊夫林这一夜也在伦敦大街上走动，亲眼目睹了这场大火，他在日记里写道："峻急的火焰声响、毕剥声、霹雳响，女人小孩的尖叫，人们匆忙奔逃，塔楼、房屋、教堂纷纷坠落，好似一场可怕的暴雨，周围的空气如此灼热，到处遍布火焰，最后根本无法近身前行。"

9 月 3 日的佩皮斯日记没有大火火势蔓延的记载，所记都是自己和朋友家找车子搬运东西的琐事。其中还写到了自己女佣的不辞而别，佩皮斯夫人大光其火，愤而解聘女佣一事。但事实上，这一天的火势依然凶猛，大火从拉德门一直延伸，烧毁了老贝利、新门和比灵斯门，圣保罗大教堂的屋顶被销熔，铅水流淌到大街上。这一天的伊夫林日记倒是对晚上的火势有较为详尽的记载："数道火势交汇，一道从康希尔山下来，另一道从针线街而来，两道火相遇，转而汇入另外两道分别来自沃尔布鲁克和巴克勒斯伯里的火舌。这四道火舌交汇，在切普赛德街角蹿成一股大火焰，掀起如此耀眼的光芒，如此猖炽的热浪，再加上如此众多的房屋一齐倒塌，掀起如此的喧腾咆哮，场面蔚为壮观。"

9 月 4 日，佩皮斯家仍在搬运剩余物品，至午后始运毕全部家什。这一天的火势依然凶猛，佩皮斯在日记中写道："……只见天空烧得通红，景况可怖，心里颇为不安；确是非常可怕，好像整个天着了火，要烧到我们头上来。"当天晚上，佩皮斯摸黑来到大街上，这时伦敦市政府在国王查理二世的命令下，用火药炸毁火势走向途中的房屋，从而遏制火势的蔓延。"对于这一举动，人们起初为之大为震惊，炸毁之后，大火被遏制住了，所有房屋都在原址坍塌下来，其中纵有小火燃烧也易扑灭。"圣保罗大教堂被毁，屋顶全部倒塌，整条切普赛德街也遭波及。

9 月 5 日凌晨二时许，佩皮斯在睡梦中被妻子叫醒，告以火警，大火已延烧至他们家所在街上的巴京教堂（Barking Church）。佩皮斯带着妻子和一众女仆乘船逃到乌尔威奇（Woolwich），他写道:"哎呀,在月光下看全城燃烧,在乌尔威奇尤其看得清楚,好像就在火边,那是何等悲惨的景象。"佩皮斯将妻子和女仆安排住在朋友谢尔顿家,自己只身一人回到家里,以为自家房屋必已焚毁,发现却是没有,情形比他料想的要好。大火只烧了巴京教堂的钟面及廊檐一部分,旋即被扑灭。佩皮斯走到巴京教堂的塔尖,目睹了前所未见的惨状:到处是大火,油窑、石灰等都在燃烧着。他和几个朋友一道步行到市区,发现多条街道都成了灰烬。摩尔广场(Moore Fields)上人山人海,都是携带物资的灾民。从摩尔广场回家,穿过切普赛德街和新门市场,举目望去均是废墟一片。约翰·伊夫林这天也来到街上,看到的几乎是同样的惨状:"走过曾经是弗利特街、拉德门山的地方,路过圣保罗教堂、切普赛德街、交易所街、主教门、市府参事门",所有这些都成了废墟。他发现自己"爬上仍在冒烟的废墟堆,不时地弄错所在的地方"。伊夫林写道:"没有任何人可能知道自己身在何处,但某座教堂或大楼废墟旁边,偶或有塔楼或尖顶依然让人惊异地矗立着。"

从佩皮斯日记看,伦敦这场大火烧了整整五天,到了9月7日这天火势基本上得到了控制,大火在费特巷(Fetter Lane)彻底熄灭。9月7日的日记里记载国王查理二世已经着手处理善后之事了,"他(国王)希望我们勿因此次大火而在公众场合显出慌张,这是人人恐惧的事,因有流言说法国插手其间"。这一流言在前几天的日记里也有提及,当时的法国和荷兰是英国的敌国,1665年至1667年间,英国和荷兰处在战争状态(查理二世对荷兰宣战)。国王下达了命令,开放市场交易,市内一些场所照常营业,教堂向灾民开放,等等。

这场大火的损失无疑是巨大的,据《伦敦传》:六分之五的城市被大火吞噬，烧毁的方圆面积约一英里半见长，半英里见宽。城里二十六个选区当中，十五个被烧毁殆尽，总共烧毁四百六十条街道，一万三千两百座房屋被夷为平地。八十九座教堂消失，七座城门中有四座化为灰烬。不过，据官方报告，人员伤亡不大，仅有六人在火灾中丧生，这是不幸之中的大幸了。

　　大火之后，英国的道学家们将伦敦遭受的火灾和瘟疫双重灾难解释为上帝因伦敦犯下的众多罪孽而激怒，借此以惩罚伦敦。当然，也有人质疑把灾难归咎于天数或神谴的言论。这场大火的直接结果有两个：一是大火彻底切断了自 1665 年以来在伦敦肆虐的瘟疫，瘟疫主要由鼠疫引起，大火烧死了数量庞大的老鼠，连地窖中的老鼠也难以幸免。二是重建伦敦的迫切需求拉动了内需，从而振兴了英国经济。大火余烬尚热，建筑师雷恩爵士（Sir Christopher Wren）就设计了一个新伦敦，该设计原本将伦敦交易所定为城市中心，华丽的林荫道从中心呈辐射状通往周边地区。国王查理二世很喜欢这个设计，但却发现这个计划无法实施，因为那些地产权的价格高不可攀。虽说雷恩计划没有得以实施，但我们却可以从中看到人们思想观念的巨大转变：原来以教堂为中心的城市，即作为精神性的城市，已经开始转变为商业性的城市，在东印度公司大厦周围，矗立起了英格兰银行、皇家证券交易所，以及其他商行和会计师事务所等，一个新的商业化城市即将崛起了。（《文学中的城市》32 页，理查德·利罕著，吴子枫译，上海人民出版社，2021 年版）

　　还有一个结果就是"这场大火的最大功劳在于促进科学进步"（《伦敦传》189 页）。成立于 1660 年的英国皇家学会在大火之后开始寻找发生火灾和瘟疫这两场灾难的"科学"或"客观"原因。以"理性"之名改变伦敦人的意识，从而在未来的时代避免遭遇此等火灾和瘟疫。英国作家丹尼尔·笛福在《瘟疫年纪事》中记述了伦敦市民在瘟疫期间表现出来的对上帝的过度虔诚和迷信，经过这场大火，伦敦市民破除了迷信，确立了科学精神。

　　大火之后的伦敦将以一种崭新的姿态出现在世人面前，诚如阿克罗伊德在接受《澎湃新闻》记者书面采访时所说：伦敦是个幸存者，它被大火烧过无数次，1666 年的伦敦大火，二战中德国对伦敦的大轰炸，但每次都能在火中重生，而且更坚强。伦敦是从火里铸造的，所以，它有一种勇猛且不顾一切的精神。它古老的街道、小巷、弄堂，在大火中一次次化为灰烬，但是又一次次重新出现。

（发表于 2021 年 9 月 18 日《上海书评》）

伊夫林的日记

　　17世纪的英国文坛出现了两位以撰写《日记》名世的作家：约翰·伊夫林（John Evelyn，1620—1706）和塞缪尔·佩皮斯（Samuel Pepys，1633—1707）。中国读者对佩皮斯相对比较熟悉，英文专业中学英国文学的学生大多读过《诺顿英国文学选集》里选自《佩皮斯日记》的"伦敦大火"（the Great Fire）一节，治英国文学的学者大多读过杨周翰先生所著《十七世纪英国文学》一书中《皮普斯的日记》一文，对英国文学感兴趣的普通读者则对学者吕大年先生所作《佩皮斯这个人》一文大概也不会陌生。我本人则是20世纪90年代初读吕叔湘先生《未晚斋杂览》一书时在《霭理斯论塔布及其他》一文中第一次知道佩皮斯这个名字的。对于约翰·伊夫林及其《日记》则知道的人较少，除了杨周翰先生在《皮普斯的日记》里将他与佩皮斯作了比较之外，就笔者有限的所见，国内学界和读书界似乎鲜有涉及。

　　其实，伊夫林在17世纪的英国是一位家喻户晓的重要人物，无论在社交界、政界还是知识界都广受众人瞩目。他的《日记》与佩皮斯的《日记》一样是英国王政复辟时期最重要的历史文献和文

学作品。伊夫林一生著述丰富，有三十多部作品行世，内容涉及园
艺、空气污染、建筑、钱币学、版画、政治、宗教和雕塑等，其中
的《森林志》《雕刻术》和《钱币学》等著作在当时颇有影响。他
是成立于 1662 年的英国皇家学会（the Royal Society）的创始会员。
他和当时英国知识界人士一道为英国经济社会的进步殚精竭虑，参
与制定了国家科技发展的计划。他还积极参政，在查理二世复辟
王朝里担任多种公职，显示了卓越的谋划和处理复杂事务的能力。
他对所有知识领域的浓厚兴趣，对地方、事件和同时代人物的描
写，对各种布道的详细记载，对王政复辟文化的全面审视，以及将
古典学术融于 17 世纪人们对科技、文化进步的兴趣而做的不懈努
力，这一切都使他无可争议地成为英国王政复辟时期标志性的关键
人物。

伊夫林的《日记》是 17 世纪英国社会、文化、宗教和政治生
活的珍贵史料。《日记》跨越了他漫长的一生，从最早十一岁那年对
自己出生情形的描述到他去世前的几个星期，所记录的都是他一生
的所见所闻和亲身经历，《日记》具有的史料价值自不待言。《日记》
同时还被视为文学作品，说明这部日记本身具备了作为叙事文本的
主要元素，即人物和事件；也说明作者具有自觉的文体意识和高超
的叙述技巧。《日记》如果只是流水账式枯燥无味的记录，那是算不
上文学作品的。伊夫林曾经写过《戈多尔芬夫人的一生》，据说是
17 世纪最令人感动的传记之一，可见他的文学才华非同寻常。伊夫
林不一定想到《日记》会有出版之日，更想不到它会以文学作品的
方式名垂青史，但他肯定是想把它作为家庭记录留给家族后人们阅
读的，所以他除了刻意注重文体和技巧之外，经常有意炫耀自己在
重大历史事件中所起的作用，从而给《日记》的读者树立起一个标

杆式人物的形象。

《日记》是为他自己而写的，但很少谈及他本人。《日记》自然也记述了大量日常琐事，比如他因病而被医生放血，因居家生活而不得不经常与四邻打交道，尤其是当他写到自己宠爱的孩子高烧不退最后不治身亡，他悲痛欲绝，只身前往伦敦驱散悲哀之情时，读者看到了一个重亲情易接近的慈父形象。《日记》记述更多的则是重大事件，花了大量的篇幅叙述了他和复辟后的查理二世之间的交往，以及他为查理二世所器重担任多种公职恪尽职守的情况。其中最为重要的是他在查理二世同荷兰人作战期间，被委任负责管理生病和受伤的水手和俘虏。在此期间，他不幸身染瘟疫，因治病和养家开销巨大，幸而有佩皮斯慷慨相助，才渡过难关，从此与佩皮斯结下了终身友谊。《日记》中有对 17 世纪如雨后春笋般涌现出来的"新科学"的详细记载，尤需注意的是，伊夫林不厌其烦地记录了人类历史上第一个科学团体"英国皇家学会"的产生过程。

伊夫林本人是保皇派，在内战期间他的政治态度却是矛盾的：他一方面支持奥立佛·克伦威尔发动政变处死查理一世，结束独裁统治，建立共和国；另一方面他又对查理二世的复辟成功持积极配合的态度，出任查理二世治下的多种公职。这种矛盾的态度，我们可以从《日记》中体会得到。1658 年 10 月 22 日的日记生动地描述了奥立佛·克伦威尔的葬礼："这是我见过的最为开心（the joyfullest）的葬礼，因为出席者除了几个亲属和几只狗外别无他人，一群士兵厉声呵斥着轰走了吠犬。士兵们在大街上一边走一边喝着酒抽着烟。"读到这里，我们不难觉察出伊夫林对克伦威尔这场葬礼的嘲弄，同时可以想见他对克伦威尔本人的态度。接着他换了一种口气，用庄重的笔触写到克伦威尔的尸体被运送到威斯敏斯特墓地："克伦威尔身穿黄袍、头戴皇冠，像国王（like a king）一般躺在舒适的丝绒床上，由六名威武的士兵骑着六匹雄壮的骏马护送到目的地。"查理二世复辟后，克伦威尔的尸体被从坟墓中挖掘出来，几天后头颅也被割下来，吊在伦敦泰伯恩行刑场的绞刑架上示众。伊夫林在 1661 年 1 月 30 日的日记中写道："今天，真可谓上帝不可捉摸的裁判啊！克伦威尔的尸体从威斯敏斯特华丽的坟墓中被拖了出来，拖到泰伯恩行刑场，吊在绞刑架上，从上午九时到晚上六时……成千上万的人在现场观看，他们曾经也亲眼目睹了克伦威尔们的不可一世……回顾 1658 年 10 月 22 日，惊讶吧！敬畏上帝，崇敬国王吧……"伊夫林保皇派的面目昭然若揭。伊夫林多变的政治态度其实也是当时英国社会内在矛盾的体现。

十七世纪在英国和欧洲大陆都是重要的时代，政治上的改朝换代、内战外战频仍、天灾人祸不断，这是导致社会动荡变化的一方面，新生事物的不断出现和新科学的发展则是社会进步的另一方面，这一切都不可能不影响到每一个人，其中的一些人觉得这些动荡、变化、进步和发展值得记录下来。另外，随着科技的进步，英国人的物质条件有了明显的改善，中上层阶级有钱也有闲举家或单独出游，所谓的"欧陆游学"（grand tour）颇为风行。尤其是由于书写工具的便于使用，人们养成随时记录的习惯。所有这一切都是十七世纪出现大量日记、传记和回忆录的原因。伊夫林和佩皮斯的《日记》正是在这样的背景下产生的。

（发表于 2020 年 9 月 27 日《南方周末》）

传记中的乔伊斯

一

在著名传记作家理查德·艾尔曼笔下，奥斯卡·王尔德、W.B.叶芝、詹姆斯·乔伊斯和塞缪尔·贝克特是"爱尔兰四杰"（Four Dubliners），他曾为其中的三人写过传记，在学界颇为流行。"四杰"中乔伊斯和贝克特的关系最有意思：一般认为贝克特奉乔伊斯为师，在写作方式和风格上刻意模仿乔伊斯。两人在巴黎侨居期间时相过从，贝克特是乔伊斯巴黎家中的常客。两人的性格也颇为接近，习惯于沉默相对，内心都充满了悲哀，但贝克特主要是为世界感到悲哀，而乔伊斯则主要是为自己而发愁。两人的坐姿也相同，都喜欢把一条腿压在另一条腿上，上面那条腿的脚尖别在下面那条腿的腿肚子后面。乔伊斯虽然喜欢贝克特，但不愿跟他太过接近。乔伊斯曾经坦言"我只喜欢自己家里人，别人我谁也不喜欢"。随着接触的增多，加上贝克特不断有小说和戏剧作品问世，乔伊斯开始喜欢上了贝克特，按照艾尔曼的说法："贝克特的头脑有一种微妙的精细敏锐性对乔伊斯有吸引力。"贝克特几乎成了乔伊斯唯一认可的具有创作天才的年轻作家，贝克特的长篇小说《莫菲》(Murphy)出版后，反响不错，乔伊斯可以脱口而出背诵其中的一些句子。他也终于不再称呼年轻人"贝克特先生"，而改称"贝克特"了。在艾尔曼看来，这一称呼的转变，在乔伊斯侨居巴黎期间几乎是绝无仅有的，贝克特简直是受宠若惊了。贝克特在乔伊斯家中不仅是客人还充当速记员角色，记录下乔伊斯口授的小说内容。有一次乔伊斯正在口授《芬尼根的守灵夜》片断，突然听到有人敲门，贝克特则心无旁骛地专心记录，没有听到敲门声，乔伊斯喊了一声"进来"，贝克特也把"进来"记录了下来。后来贝克特把记录下来的内容读给乔伊斯听，乔伊斯问："那个'进来'是怎么回事？"贝克特回答："是您说的。"乔伊斯略作沉思道："就这样吧，不用改了。"这段轶闻趣事是贝克特接受访谈时亲口说的，真实性应该不容置疑。贝克特对他这种奇特的写作方式，既感到佩服不已又觉得难以理解。作为读者，我们对此恐怕是难以理解更无法佩服了。有一种解释是：乔伊斯对这种偶然巧合的现象往往是很乐于利用的，他的作品里充满了偶然巧合。乔伊斯的女儿露西娅也喜欢上了贝克特，但贝克特直截了当地告诉她说他来他们家，主要是为了见她父亲，这让露西娅深受刺激，她怂恿父亲冷落贝克特，结果有大约一年左右的时间，贝克特在乔伊斯家成了不受欢迎的人。贝克特后来跟朋友解释说自己心如死灰，内心缺乏感情，因此无法对露西娅产生爱情。露西娅后来疯癫病加重，跟贝克特断然拒绝她的感情不无关系。

二

《尤利西斯》这部"二十世纪最伟大的英语文学作品"最早是

在巴黎出版的，在英、美、爱尔兰三国都无法出版，原因是它宣扬色情淫秽。劳伦斯的《查泰莱夫人的情人》一书命运与《尤利西斯》庶几近之，最早也是在巴黎出版，也是从一本饱受争议的色情小说历经磨难成为现代英语文学的经典之作。两位作者是如何看待对方的作品的呢？艾尔曼在《乔伊斯传》中有两处做了透露。意大利作家尼诺·弗兰克是乔伊斯的崇拜者，他说服了乔伊斯担任他主编的刊物 Bifur 的编委，乔伊斯爽快地答应了，同时建议翻译一些作家的作品刊登在该刊物上。弗兰克请乔伊斯推荐作家人选，结果他推荐了爱尔兰、苏格兰、澳大利亚甚至南非的几位作家，却没有一个英国作家。弗兰克觉得奇怪，随口提了 T. S. 艾略特的名字，乔伊斯做了个鬼脸，不置可否。弗兰克不敢造次，谨慎地说 D. H. 劳伦斯也在巴黎。乔伊斯听了马上接口说道："此人写得实在糟糕，与其请他写还不如请他的朋友奥尔德斯·赫胥黎写点什么，那个家伙至少在着装上还马马虎虎过得去。"《查泰莱夫人的情人》一度在巴黎和《尤利西斯》竞争旅游者购买市场，乔伊斯出于好奇买了一本，自己视力不佳，请一位朋友（斯图亚特·吉尔伯特）读了几页给他听。他听得很仔细，听完之后只说了一个字"Lush！"（醉鬼！）1931 年，乔伊斯在给另一位朋友的信中谈到《查泰莱夫人的情人》："我读了开头两页，英语是一如既往地拖沓啰嗦。斯图亚特·吉尔伯特为我读了一段描写在树林中裸体的抒情文字，还有结尾部分，那是一篇宣传文字，可是宣传的内容，至少在劳伦斯的国家之外，早已经不用宣传了。"可以看出，乔伊斯首先是不喜欢劳伦斯的语言，这不难理解，乔伊斯一直致力于语言革新，他在创作《芬尼根的守灵夜》前就有一个久蓄于心的愿望：创造一种超越国界的语言，所有已知的语言都是这种语言的分支。劳伦斯那种中规中矩的英语自然难入他的法眼。其次对《查泰莱夫人的情人》结尾梅勒斯写给康妮的那封长信感到不满，乔伊斯认为这是一篇宣传文字，不是文学创作，更有甚者，它所宣传的内容在英国之外的欧洲其他国家已经是老生常谈了。最后但不是最不重要的，乔伊斯很在乎《尤利西斯》的销量，1936 年 8 月的一天，乔伊斯到《政治报》大楼的一家书店订购一本书，书店老板看到他的名字立刻认出了他，让他看书店里有售《尤利西斯》。乔伊斯非常高兴，当他看到《查泰莱夫人的情人》也同时在书店出售，而且听说销量比《尤利西斯》更好时，他马上变得很不高兴，情绪变化真是够快的。有意思的是，劳伦斯对《尤利西斯》也持否定的态度，他对夫人说："结尾部分是有史以来最肮脏、最不雅、最淫秽的文字。真的，弗里达（劳伦斯夫人）……简直脏极了。"劳伦斯对书中大量的细节也极为厌烦，他甚至在《解剖小说》一文中不无讽刺地写道："'我的小脚趾究竟是疼了一下，还是没有疼呢？'这是乔伊斯先生的每一个人物都要问的问题。"

三

还是在巴黎。时间是 1920 年。埃兹拉·庞德 1913 年编辑诗歌选集《意象派诗选》，其中收录了乔伊斯的一首诗，为此他给乔伊斯写了一封信，从此两人正式订交。七年来，庞德一直向乔伊斯介绍 T. S. 艾略特，描述艾略特的形象。直到 1920 年的 8 月中旬的一天，艾略特从伦敦发给乔伊斯一封电报，说庞德托他带一个包裹给乔伊斯，他将于 8 月 15 日那天把包裹带到一家叫"福地"的饭店（Hotel de l'Elysee）。艾略特在电报中希望乔伊斯能与他共进晚餐。这封电报应该是艾略特和乔伊斯第一次互通音问，这次见面也是两人的第一次。其实艾略特不是独自一人，还有好友温德姆·刘易斯与他同行。刘易斯的《塔尔》一书与乔伊斯的《青年艺术家的写照》在同一家出版社出版，乔伊斯曾经读过刘易斯的作品，印象不错。但他对艾略特的诗歌，虽有庞德大力推荐，还没有寓目，更谈不上欣赏。艾略特带着庞德那个笨重的包裹，坐火车乘轮船一路奔波，终于和刘易斯一道跟乔伊斯见面了。乔伊斯见到刘易斯颇感意外，同时也很高兴。据后来刘易斯的描述（参看詹姆斯·萨瑟兰编辑的 The Oxford Book of Literary Anecdotes，pp. 335—338），乔伊斯对艾略特的态度显得较为冷淡，但不失礼貌周到。他不大理会艾略特，跟刘易斯说话时提到艾略特，总是说："您的朋友艾略特先生。"这种态度并没有让艾略特感到讨厌反而觉得很好玩，他与刘易斯单独在一起时谈论起了乔伊斯，艾略特认为乔伊斯表面上很有礼貌："出门的时候我没有办法请他先走，他总是'您先请'。他是谦让专家。"但是骨子里却很傲慢："所以他才那么讲礼貌。他要是不那么讲礼貌，我倒还痛快些。"刘易斯精彩地描述了那天的见面情况：我们面对面分坐在桌子的两边，桌上摆着那个神秘的包裹。这时艾略特站起身来，指着包裹对乔伊斯说这就是电报里提及的包裹，他受庞德之托，现在正式交给收件人，他的任务完成了。乔伊斯想打开包裹，可是庞德系了很多复杂难解的扣子，好不容易用一把指甲刀剪断了绳子，"那位好心肠的美国佬（指庞德）"在礼物上又包了好几层英国的牛皮纸，等全部打开后发现里面是几件无法描述的上衣（nondescript garments）还有一双棕色的旧皮鞋。大家盯着这双皮鞋看了看，都觉得好笑。就这样，乔伊斯和艾略特以特有的方式成了朋友。读者也许会纳闷：庞德为什么要寄这样一个包裹给乔伊斯呢？原来，就在当年的 6 月 5 日乔伊斯在写给庞德的信中诉苦说，自己手头拮据，穿的是儿子的鞋和儿子丢掉的衣服。于是，庞德才有了这一善举。乔伊斯一直没有读过艾略特的诗歌，直到后来读了《荒原》，他才风趣地对一位友人说：“我从未意识到艾略特居然是个诗人。”（I had never realized that Eliot was a poet.）当那位朋友说读不懂《荒原》时，乔伊斯反问道：“你非要读懂不可吗？”（Do you have to understand it?）乔伊斯也反对艾略特给《荒原》做注释，他在《芬尼根的守灵夜》里还对《荒原》作了戏谑模仿。乔伊斯男权思想颇重，时不时流露出对女性的不尊重。他曾经在自己的笔记本上写道：“艾略特终结了女士们对诗的想法。”（T.S.Eliot ends idea of poetry for ladies.）

四

“为人性僻耽佳句，语不惊人死不休”，是杜工部作诗之肯下苦功的自我写照。其实，古今中外的诗人作家中，对自己的作品采取字斟句酌、郑重其事态度的不乏其人，许多读来天衣无缝的名著往往是呕心沥血的结果。即便是才华横溢的诗人作家也很少能做到倚马可待、下笔立就的。最近读了几部传记：王水照的《钱锺书的学术人生》、钱之俊的《晚年钱锺书》和范旭仑的《钱锺书的性格》以及理查德·艾尔曼的《乔伊斯传》和《都柏林四杰》，更是让我相信所谓的“捷才”恐怕只是难得一见的例外。钱锺书和乔伊斯是众所公认的中外两大才子，两人都精通多国文字。钱锺书先生对自己的文章著作要求极为严格，总是不断地对自己的前作“增补”“补订”“补遗”，力求做到精益求精，并自嘲自谥“钱文改公”。《乔伊斯传》中屡屡见到乔伊斯不厌其烦修改自己作品的记载，甚至连标点符号都不轻易放过，他校对《都柏林人》时将编辑擅自加入的逗号统统删除，改动了一千多处。标点符号在《尤利西斯》一书中有着重要意义，绝不可等闲视之，比如最后一章整章没有标点，曾引来批评家们众说纷纭的评论，其中中国诗人徐志摩早在 1922 年此书刚一出版时就读过并且评论道：最后一整章没有标点的文字"那真是纯粹的'prose'，像牛酪一样润滑，像教堂里的石坛一样光澄……一大股清丽浩瀚的文章排傲而前，像一大匹白罗批泻，一大卷瀑布倒挂，丝毫不露痕迹，真大手笔！"（《徐志摩全集》第一卷第 358 页，广西民族出版社，1991 年版）《尤利西斯》译成法文版时，乔伊斯竟然坚持把法文字本身所具有的音符也全部删去。再比如该书第十七章最后一行是一个圆点，艾尔曼认为这个圆点并非没有意义，是对前一行提出的问题"何往？"的回答。有意思的是，最初排印时排印工误以为这个圆点是粘在原稿纸上的类似苍蝇屎之类的污斑，差点就把它删掉了。至于对词汇、语句的改动则更是家常便饭了，常常把校样改得面目全非，让编辑和印刷工人大光其火。比如《尤利西斯》的第十五章，据乔伊斯自己讲曾重写了有七八遍之多，艾尔曼认为这一章写得确实不同凡响。乔伊斯曾告诉朋友说该书有三分之一的篇幅都是在最后定稿前重新修改创作而成的。

（发表于《外国文艺》2021 年第五期）

当不成小说家的诗人

——读菲利普·拉金的《应邀之作》

　　最近读到上海译文出版社出版，由李晖翻译的英国诗人菲利普·拉金的随笔集《应邀之作》，我不由得想起二十多年前撰写博士论文时曾经读过这部书的英文原著。我的博士论文写的是二战后的英国小说"愤怒的青年"一代，拉金与"愤怒的青年"作家中的金斯利·艾米斯和约翰·韦恩是牛津大学的同学。他们也写诗，但在诗艺上远不如拉金。在英国现代文学史上，他们拥有两个称呼：在小说领域他们是"愤怒的青年"一代，在诗歌领域他们属于"运动派"诗人。

　　拉金在英国诗坛成名较早，20世纪50年代中期就进入了诗歌创作的成熟期。王佐良先生在《英国诗史》中说"20世纪中叶英国诗坛的一个显著现象是现代主义的衰弱"。拉金的诗歌既反对庞德、艾略特等倡导和奉行的现代主义，也反对以威尔士诗人狄伦·托马斯为代表的新浪漫主义。这在《应邀之作》的"《向北之船》序"一文中可以找到佐证：拉金早在步入中学时代之前就视奥登为"老套"诗歌之外的唯一选择；大学阶段有人把他的作品吹捧描述为

"狄伦·托马斯的手笔，"但"却有一种独到的愁绪"（《应邀之作》第 23 页，以下只标页码。）。拉金在接受《巴黎评论》访谈时被问及奥登、托马斯、叶芝和哈代对他的早期影响时承认："归根到底，你不能说：这里是叶芝，这里是奥登，因为他们都不在了，他们就像拆散了的脚手架。托马斯是一条死胡同。有哪些影响？叶芝和奥登嘛，是对诗行的驾驭，是情感的形式化疏离。哈代……让我不怕使用浅显之语。所有那些关于诗歌的美妙警句：'诗人应该通过显示自己的内心而触碰到我们的内心'，'诗人只关注他能够感受到的一切'，'所有时代的情感，以及他个人的思想'——哈代彻底明白是怎么回事。"（第 89 页）不难看出拉金对托马斯·哈代的推崇备至。王佐良先生认为"拉金关心社会生活的格调，喜欢冷眼观察世态，在技巧上师法哈代，务求写得具体、准确，不用很多形容词，而让事实说话。"王佐良先生对拉金诗歌的评价是很高的："就诗而论，在多年的象征与咏叹之后，来了一位用闲谈口气准确地写出 50 年代中叶英国的风景、人物和情感气候的诗人，是一个大的转变。"这个"大的转变"就是：回归以托马斯·哈代为代表的英国传统方式创作诗歌，从而结束了自 20 年代以来一直盛行英国诗坛的现代主义创作方式。早在 1946 年，拉金的床头就会放一册蓝色封面的《托马斯·哈代诗选》。拉金的第一部诗集《向北之船》里确实有受到奥登影响的痕迹，但更多彰显的是叶芝的风格。（第 24 页）拉金自己也承认叶芝的风格仿佛使他发了"凯尔特人的高烧"（Celtic fever），但他在 40 年代中期就很快治愈了"发烧"，开始转向托马斯·哈代式的简洁明快、直抒胸臆的风格。

　　拉金的诗尽量避免使用精致的神话结构和晦涩的典故。他的主题都是日常的城市或居家生活：空荡荡的教堂、公园里的年轻母亲们、火车上看见的劳工阶层婚礼现场等等。他声称自己"喜欢日常琐事",诗人应该通过描写日常琐事来打动普通读者的心。比如,他写铁路沿线的英国景况,虽着墨不多但英国战后的病态却历历在目:**浮着工业废品的运河,/……没有风格的新城,/用整片地废气来迎接我们。**(译文参考王佐良《英诗的境界》,下同。)又如,他写从火车上看见的婚礼场面:**车子驶过一些笑着的亮发姑娘,/她们学着时髦,高跟鞋又加面纱,/怯生生地站在月台上,瞧着我们离开。**这是新娘们,她们的家人们则是:**穿套装的父亲,腰系一根宽皮带,/额角上全是皱纹;爱嚷嚷的胖母亲;/大声说着脏话的舅舅。**这就是拉金笔下战后英国的风景和人物,他还在一首题为"在消失中"的诗里感叹田园式生活的消失:"但是对于我们这一帮,只留下混凝土和车胎。"(but all that remains/For us will be concrete and tyres.)这正是拉金那个时代英国社会的真实写照。但是,正如批评家们所指出的,拉金虽然写的是有些灰色的当代英国社会,但他的诗却不是灰色的。他的诗里有一种新的品质,即心智和感情上的诚实。《上教堂》一诗写的是20世纪中叶英国青年知识分子对宗教的看法,人们渐渐失去对宗教的兴趣,教堂将为时间所淘汰,最终变得空荡荡。他在最后写道:**说真的,虽然我不知道/这发霉臭的大仓库有多少价值,/我倒是喜欢在寂静中站在这里。**没有了精神上的寄托,但人还是要求生活中有点严肃的东西。这就是诚实。

拉金在接受访谈或被问及为什么要写作时反复提到"留存"一词。他说:"你看到这个景象,体会到这种感觉,眼前出现了这样的幻景,然后必须要寻找一种词语组合,通过触发他人相同体验的形式,使之得以留存。"(第73页)他在"声明"一文中又说道:"我写诗是为了留存我看过/想过/感觉过的东西。这么做既是为我自己也是为了别人，尽管我觉得我首先应当负责的对象只是体验本身。我努力使之免于遗忘，全都是为了它的缘故。我完全不清楚自己为什么要这样做。但是我想，一切艺术的底层深处，都潜藏着留存永驻的冲动。"（第 109 页）在"写诗"一文中他还说过："写一首诗，就是建构一个语言机关，让它能够在所有读诗人的心里再现某种体验，使之永久留存。"（第 116 页）我们不妨认为"留存"一词就是拉金对为什么写诗的解释，或者干脆说是拉金对什么是诗所下的定义。他坦承这个定义很有效，让他感到很满意，而且能够让他写出一首首的好诗。

拉金告诉他的读者：通常被视为很复杂的事情，也有它们相对简单的层面。他在"愉悦原则"一文中以写诗为例说明这个人人皆知的道理。写一首诗总共包括三个阶段：首先是一个人沉迷于某种情感概念，所以会受其驱使，想要做点什么。其次是他要做事情，也就是要建构一种语言装置或机关，让所有愿意读它的人，无论何时何地都可以产生这种情感概念。最后是读者在不同时间和地点触发这个装置或机关，从而在自己内心里重现使人创作时的各种感觉，如此往复再三。这三个阶段相互依存，不可或缺。（第 111 页）写诗就这么简单。不过，拉金也多次说到写诗不是随心所欲的行为。他说："不同主题之间的区别，并非随心所欲。一首诗获得成功的原因，也并非随心所欲。"（第 117 页）

拉金是一个惜墨如金的诗人，他在有生之年一共只出版过四部诗集，平均每十年一部：1945 年出版第一部诗集《向北之船》、1955 年出版《受骗较轻者》（ *The less Deceived*，标题典出莎士比亚《哈姆雷特》第三幕第一场奥菲利娅的经典台词：I was the more deceived. 参见《应邀之作》第 90 页译注）、1964 年的《降灵节婚礼》(*The Whitsun Weddings*) 和 1974 年的《高窗》(*High Windows*)。
《巴黎评论》的采访者罗伯特·菲利普斯曾经就此这样问过拉金:
"您的诗集以每十年一部的速度问世。不过,从您所说的情况看,
我们不大可能在 1984 年左右看到您的另一部新诗集了,是吗?您
真的无论哪一年都只完成大约三首诗吗?"拉金回答道:"我不可能
再写更多的诗了。不过真正动笔写的时候,确实,我写得很慢的。"
(第 104 页)拉金以《降灵节婚礼》一诗为例,从 1955 年 7 月动笔
写,反反复复一直写了三年多时间,直到 1959 年 1 月才告竣。虽
然这只是一个例外,但他承认自己确实写得很慢,部分原因是要明
白想说的内容,还有怎样言说它的方式,这都需要时间。(第 104
页)菲利普斯的话可谓一语成谶! 1984 年左右拉金果然没有出版任
何诗集,他 1985 年就去世了。

拉金在整个 40 年代都决意要成为一名小说家,他在接受《观
察家报》记者米里亚姆·格罗斯采访时就说过:"我原先根本没有
打算写诗,我原先是打算写小说的。我在 1943 年刚离开牛津后就
立刻开始写《吉尔》。这部小说在 1946 年由福琼出版社付印时,距
离它的完成时间已经有两年,而我已经写好了第二部小说《冬天里
的女孩》。"(第 57 页)其实,在《吉尔》之前,拉金就写过一部中
短篇小说,"即使在最后一个学期,差不多再过几周就要期末考试
的时候,我已经开始着手写一部无法归类的小说,并且命名为《柳
墙风波》(*Trouble at Willow Gables*)"(第 16、17 页)。拉金用了一
个女同性恋作家的笔名 Brunette Coleman,以女子寄宿学校为背景
写作而成。"柳墙"是寄宿学校的名字。拉金因为视力太差,二战期
间没有被征召入伍(第 60 页),他自称对战争"漠不关心",但为
了避免遭人攻击"不爱国",缺乏男子汉气概,他故意使用了一个

女性名字 Brunette 来写小说。小说写完后，拉金仔细打印好，投寄给了一家出版公司，结果一直没有发表。直到 2002 年，这部小说才由布斯整理出版。拉金在这一时期同样以 Brunette 的名字写过不少脂粉气浓厚的诗作，命名为"糖和调料"（*Sugar and Spice*），也未见出版。出版了两部小说之后，拉金有意再写第三部小说，但最终没能如愿。他原来预想每天写五百字，写上六个月，然后把成果一股脑儿推给出版商，再跑到蔚蓝海岸生活，除了勘误改错外，完全不受干扰（第 57 页）。然而事情并没有按照这种方式发生，他觉得"做这种事的能力已经完全消失"（第 80 页），这使他感到十分沮丧。

　　拉金始终认为小说比诗歌更有意思：小说可以如此进行铺展，可以如此让人心醉神迷，又如此费解。他要"成为小说家"的想法远胜于他想"成为诗人"的想法。"对我来说，小说比诗歌更丰富、更广泛、更深刻、更具欣赏性。"（第 80 页）然而小说对他来说太难写了，他把自己写不出小说归因于"我对其他人不够了解，我对他们不够喜欢"。因为"小说写的是其他人，诗歌写的是你自己"（第 57 页）。他反复说过："我不大喜欢跟人共处。"（第 66 页）拉金自己写不了小说，但他帮助挚友金斯利·艾米斯修改过《幸运的吉姆》，这是金斯利的代表作，也是战后"愤怒的青年"一代的代表作。评论界一般认为：小说里有一部分故事原型，是根据拉金在莱斯特大学和同事相处的经历写成的。但拉金在接受采访时认为这种说法有些不牢靠，艾米斯写这部小说时正在斯旺西大学学院工作，因此故事原型未必跟拉金的莱斯特大学同事有关。拉金还对来访者说："我读第一稿的时候就说：砍掉这个，砍掉那个，我们多添点其他的。我记得我说过：要有更多的'面孔'——你知道的，他的伊迪丝·西特维尔式面孔，诸如此类。最奇妙的是，金斯利自己就能'学'出所有面孔——'古罗马的性生活'面孔，诸如此类。"（第74、75页）由此可以见出拉金对这部杰作的贡献所在，难怪小说在1954年首次由企鹅出版社推出时，艾米斯把它题献给了拉金。《幸运的吉姆》甫一出版即获得巨大成功，评论界好评如潮。这也使得拉金大为吃醋。他总是后悔自己无法成为一名小说家。

拉金无疑是战后英国最伟大的两个诗人之一，另一位是桂冠诗人泰特·休斯（Ted Hughes）。但收在《应邀之作》里的评论文章无疑也是一些精彩的文学批评文字，拉金因此也无愧于批评家的称号。作为图书管理员，拉金也在自己的岗位上尽心尽责。在《被忽视的责任：当代文学作品手稿》一文中，拉金试图告诫他的英国同行（图书馆管理员）不要让英国当代文学的手稿尽归财大气粗的美国图书馆所有。他为此大声疾呼：在过去的40或50年间，尤其是在过去20年间，针对本世纪（指20世纪）英国重要作家的文稿进行大量收集的，并不是英国图书馆，而是美国图书馆。关于现代文学手稿的普遍观点是：它们都在美国（第145页）。这样的结果就是，对这些英国作家的研究很可能要通过美国大学的美国学者来完成。这篇长达16页（从第141页到157页）的文章是对英国大学图书馆不遗余力收集作家手稿的劝告。收在《应邀之作》里的最后一部分文字是拉金在1960年至1968年间给《每日电讯报》写的关于爵士乐和爵士乐唱片的评论，取名"爵士钩沉"（All What Jazz）。1970年收集这些文章时他又加入一篇序言，在这篇序言里（第459至第482页），拉金抨击了现代主义的那些"疯狂小子们"（mad lads）无视观众（听众）以及对爵士乐技巧不负责任的篡改。这篇长文同样值得广大爵士乐爱好者细细品味。

《应邀之作》原著是1983年出版的，我虽然早就读过其英文原著，但迟至 2021 年才读到中文译著，仍有如见故人的亲切之感。期待不久就能读到 2001 年出版的续作译著：*Further Requirements: Interviews, Broadcasts, Statements and Book Reviews*。相信同样会是精彩之作。

（发表于 2021 年 8 月 22 日《文汇报》"文汇学人"）

《最悖人道的谋杀》

——大卫·贝文顿一部重要的莎学著作

  谨以此文缅怀 2019 年去世的美国两位卓越的文学教授和文学批评家哈罗德·布鲁姆（Harold Bloom，1930—2019）和大卫·贝文顿（David Bevington，1931—2019）。

  大卫·贝文顿生前是芝加哥大学英语文学和比较文学教授、著名莎学家、前国际莎士比亚协会主席、美国艺术与科学院院士。同年去世的耶鲁大学文学教授、著名批评家哈罗德·布鲁姆称贝文顿为"世界上最博学的莎学家之一"。贝文顿一生著述丰富，较为学界所知的有：《莎士比亚和自传》（*Shakespeare and Biography*，2010）、《莎士比亚：人生经历的七个阶段》（*Shakespeare：The Seven Ages of Human Experience*，Second Edition，2012）以及《最悖人道的谋杀：历代人眼中的〈哈姆雷特〉》（*Murder Most Foul：Hamlet Through the Ages*，2011）；还主编了影响广泛的《莎士比亚全集》（*The Complete Works of Shakespeare*，6th edition，2008）以及《莎士比亚精选》（*The Necessary Shakespeare*，2002）等。其中的《莎士比亚：人生经历的七个阶段》一书有谢群等的中译本（上海外语教育出版社，2013 年版）是"美国艺术与科学院院士文学理论与批评经典"丛书中一种。

《最悖人道的谋杀》书名取自《哈姆雷特》第一幕第五场，是老国王的鬼魂跟哈姆雷特说的一句台词：Murder most foul，as in the best it is. /But this most foul，strange and unnatural. 贝文顿的核心观点是：《哈姆雷特》作为西方文明中最伟大的作品之一，自诞生以来，舞台演出、文本批评及编辑注释三者一直并行不悖，《哈姆雷特》的历史在相当大的程度上可以被视为整个英语世界文化史的一种范式（paradigm）。世界上任何民族的人在任何时期都可以通过《哈姆雷特》提供的这一范式更好地了解自己。本书一共分为七章：一、《哈姆雷特》前史；二、1599—1601 年间《哈姆雷特》的舞台演出；三、1599—1601 年间《哈姆雷特》的思想背景；四、大自然的一面镜子：17、18 世纪的《哈姆雷特》；五、激情中的洪流、风暴和旋风：19 世纪的《哈姆雷特》；六、彻底的改革：1900—1980 年间《哈姆雷特》；七、既不好也不坏但思维造就了它：后现代时期的《哈姆雷特》。从中不难看出，全书追溯了自《哈姆雷特》问世以来不同时期的演出、解读和接受情况。本文限于篇幅，撮要谈谈《哈姆雷特》剧本的来源及早期演出情况。

贝文顿认为，世界不停的变化带来众多压力和挑战，这使得莎士比亚也在改变，就连对他文本的分析也在不断修正。《哈姆雷特》早期的三个版本，包括 1603 年未经作者授权的四开本、1604 年经作者授权的第二四开本和 1623 年的对开本也各有不同。以往的莎剧专家、学者一直对对开本较为重视，可是近年来，学者们经过多方考证、研究，大致认为第二四开本比对开本可靠，原因是第二四开本源自莎士比亚的手稿，而且得到了作者授权认可，而对开本虽经作者修订但

更符合演出的需要。从米歇尔·福柯（Michel Foucault，1926—1984）
的结构主义角度来看，我们手中的若干文本正好证明，这才是真正的
莎士比亚。要判定究竟哪些文字才是莎士比亚所写，可不是件容易的
事。如果连文本本身都无法确定的话，那么现在我们对莎士比亚文本
的解读必然充满多样性。舞台演出史的不少实例也说明了这个问题。
到了现代，对《哈姆雷特》的诠释几乎没有完全相同的，充满了无限
的可能。

《哈姆雷特》毫无疑问是莎士比亚四大悲剧中最受观众和读者
欢迎的，有关该剧的出版物、舞台演出、影视改编和课堂教学等都
客观地反映了观众和读者的接受程度。据统计，有关《哈姆雷特》
的出版物每年平均有四百多种，而《李尔王》只有二百多种，其他
两剧则更少。有研究表明，《哈姆雷特》是世界上除灰姑娘之外，
电影版本最多的故事（the world's most filmed story after Cinderella）。
在舞台演出中，哈姆雷特的视觉形象深入人心，远非莎士比亚其他
悲剧主角所可及。在英美大中学校的课堂里，《哈姆雷特》是阅读
最多的经典作品。在世界（包括中国在内）翻译史上，莎士比亚作
品的译者和译本数量仅次于《圣经》，其中《哈姆雷特》又是被翻
译得最多的作品。

哈姆雷特的故事源自史前丹麦，文字记载最早见诸萨克索·格
拉马提库斯（Saxo Grammaticus）完成于 1200 年左右的《丹麦史》
（Gesta Danorum 或 History of the Danes），情节虽与莎剧有明显相
同之处，但差异也不小。哈姆雷特的原型阿姆雷特（Amlethus 或
Amleth）是丹麦国王之弟霍温迪尔（Horwendil）之子，霍温迪尔
在一场决斗中杀死了挪威国王科勒（Koller），因而丹麦国王将女
儿格露特（Guruth 或 Gurutha）许配他为妻。丹麦国王派遣霍温迪

尔和另一个弟弟冯格（Fengi 或 Feng）去共同管理位于丹麦中部的日德兰（Jutland）事务。当时的日德兰总督是他们的父亲格温迪尔（Gervendil）。父亲格温迪尔去世后，霍温迪尔继承了总督之位，冯格出于嫉妒杀害了哥哥霍温迪尔并且霸占了格露特。用莎士比亚在《哈姆雷特》第一幕第五场中"鬼魂"的话说："我遭弟弟亲手把生命、王冠、王后一瞬间夺去……"（by a brother's hand /Of life, of crown, of queen at once dispatched, ...）阿姆雷特在父亲遭杀害后，为了自保不得不装疯。狡猾的冯格为了试探阿姆雷特是否真疯，故意安排他与一位美女（类似莎剧中的欧菲丽亚）在森林中偶遇。冯格认为如果阿姆雷特心智正常就会禁不住美女的诱惑与之发生关系。结果阿姆雷特在一位好兄弟的帮助下粉碎了冯格的试探。冯格见一招不成又施一招，安排一位大臣（类似莎剧中的波伦纽斯）藏身于格露特闺房的暗处偷听母子谈话，阿姆雷特揭穿了冯格的阴谋，在母亲房里装疯，乘机刺死了这位大臣，将尸体肢解后扔进阴沟里和猪圈里成了猪食。然后阿姆雷特责骂母亲，说她犹如娼妓般乱伦。母亲悔恨不已，答应不把刺死大臣的秘密告诉冯格。冯格从外地回来后打听大臣的下落，阿姆雷特说此人自己不小心摔死在外屋，尸体被猪吃了。冯格发现阿姆雷特不好对付，为了根绝后患，决定除掉他，但又怕此举激怒格露特和她的父亲于己不利，遂不敢贸然动手。于是他派了两名侍从（类似莎剧中的罗森坎兹和格登斯腾）护送阿姆雷特去英国，两名侍从带着冯格写给英国国王的密函上路。在密函中，冯格要求英国国王找机会处死阿姆雷特。阿姆雷特趁两名侍从不备搜出了密函并改动了密函的内容，要求英国国王处死两名侍从并将英王之女许配给阿姆雷特为妻。一年后，阿姆雷特回到了丹麦，在母亲的暗中协助下，在一次宫廷宴会中灌醉了冯格及其侍卫，点火焚烧了王宫。冯格试图逃离火海，但被阿姆雷特用剑（冯格的剑，因为阿姆雷特的剑被收走了）杀死，冯格的侍卫则被大火烧死。萨克索没有写到阿姆雷特母亲的结局如何。

上述情节基本为《哈姆雷特》所采纳，但也有一个重要情节为莎士比亚所弃用。阿姆雷特杀了冯格之后再次来到英国，准备迎娶他的新娘。但他立即发觉英国国王为了给冯格报仇阴谋杀害他。狡诈的英国国王安排阿姆雷特代表他向苏格兰女王赫敏特如德（Herminthrud）求婚，因为他心里明白，任何向苏格兰女王求婚的人都将被女王处死。但阿姆雷特施展其魅力赢得了女王的芳心，女王本人自然不愿嫁给年长的英国国王，她篡改了英王写给她的信，要她嫁给了年轻的送信人阿姆雷特。这样，阿姆雷特就带着两个妻子回到丹麦。这时丹麦王位已经易主，阿姆雷特在与新国王维格雷克（Viglek）的争斗中落败。而作为战胜者维格雷克的战利品，赫敏特如德尽管发过誓至死忠于阿姆雷特，不得不委身于维格雷克。不难看出，莎士比亚在塑造哈姆雷特母亲格特鲁德以及"戏中戏"里的王后形象时也许有赫敏特如德的影子在其中。

当然，较之萨克索的故事，《哈姆雷特》还是有很大不同的。首先，萨克索故事中的阿姆雷特是一个无所顾忌的冷血复仇者，而莎剧中的哈姆雷特绝非如此。其次，阿姆雷特从未遇见过父亲的鬼魂，所以他无须确定冯格谋杀兄长后是否受到良心谴责。最后，萨克索故事中的年轻女子不是老臣的女儿，她没有像欧菲丽亚那样因爱发疯直至溺水身亡，她也没有兄长为她复仇。另外，萨克索故事中的两名侍从没有姓名，也不像莎剧中的罗森坎兹和格登斯腾，是哈姆雷特的同学。

从1200年到1601年期间，除了萨克索的《丹麦史》，还有其他文本或许也是莎剧《哈姆雷特》的来源，其中最重要的要数法国人弗朗斯瓦·德·贝尔佛勒斯特（Francois de Belleforest）写于 1570 年的《悲剧史》(Histoires Tragiques)。《悲剧史》吸收了萨克索故事中的某些情节，同时增加了一些细节，如被谋杀的霍温迪尔的鬼魂出现在了儿子面前；哈姆雷特（Amlethus 在这里成了 Hamlet）虽然仍像萨克索故事中那样为了自保而装疯卖傻，但具有了我们在莎剧中读到的忧郁情绪；哈姆雷特的母亲格露特在父亲被谋杀之前已经与冯格勾搭成奸；更为重要的是，贝尔佛勒斯特的《悲剧史》为哈姆雷特的复仇提供了基督教意义上的合理解释，即冯格的通奸行为和弑兄篡位都是有罪的。1608 年，贝尔佛勒斯特的《悲剧史》被翻译成英文，不过此时莎士比亚已经完成了《哈姆雷特》，他的法文水平完全可以读懂《悲剧史》。

莎剧《哈姆雷特》与《悲剧史》的不同之处也有不少。相比较而言，莎剧里的人物形象更加丰满。波伦纽斯（原来的无名大臣）、欧菲丽亚（同样无名的无名大臣之女）、雷厄提斯作为一家人出现在莎剧中。《悲剧史》中的国王冯格（Fengon）有了新的名字克罗狄奥斯（Claudius），两名侍从不但有了名字而且确定了与哈姆雷特的同学关系。贺雷修（Horatio）在《丹麦史》和《悲剧史》中都没有名字，连跑龙套的资格都没有，而在莎剧中成了重要角色，他是哈姆雷特的知心朋友（an intellectual and moral companion），哈姆雷特既可以向他倾诉内心的苦恼和秘密，也可以与他讨论深奥的哲学问题。莎剧里的情节也有了重大变化。莎士比亚将萨克索故事中的维格雷克变成了挪威王子福廷布拉斯（Fortinbras，法语意为 strong in arm "有膂力的人"），福廷布拉斯与哈姆雷特有共同之处，但在行动力上远胜过哈姆雷特。他为了向丹麦国王复仇，在国内厉兵秣马；为了荣誉不惜与瑞典人争夺一块弹丸之地。哈姆雷特对福廷布拉斯颇为欣赏，临死前预言福廷布拉斯将被人民拥戴为王。莎士比亚塑造福廷布拉斯这个勇敢、果断、有行动力的挪威王子形象是有意将他作为哈姆雷特的鲜明对照。另外，莎士比亚还增加了雷厄提斯为报父仇与克罗狄奥斯密谋刺杀哈姆雷特的情节，最后他和哈姆雷特双双中毒身亡。在《哈姆雷特》中，莎士比亚成功地塑造了三个儿子的形象：哈姆雷特、福廷布拉斯和雷厄提斯，他们拥有一个共同的目标：为父复仇。这样，莎剧《哈姆雷特》在情节上比之前的故事更为曲折生动、跌宕起伏，因而也更能吸引观众和读者。

关于《哈姆雷特》的早期演出，据贝文顿考证最早应该在 1599 年至 1601 年之间。在皇家宫殿里的演出最早是在 1619 年。早期著名的哈姆雷特扮演者包括理查德·伯比奇（Richard Burbage）、约瑟夫·泰勒（Joseph Taylor）和托马斯·贝特顿（Thomas Betterton）等。贝特顿首次出演哈姆雷特是在 1663 年，最后一次是 1709 年，当时他已经年逾七旬，却依然演得精彩，深受观众喜爱。在莎士比亚时期，莎士比亚既是演员又是剧作家，有证据表明莎士比亚至少在 1603 年还活跃在舞台上，之后他就不再登台演出了，因为创作出高质量的剧本比作为演员演出更重要。在 20 多年时间里他平均每年要创作出将近两部剧本，而作为演员，他主要扮演的是无足轻重的小角色，更多的时候只是跑跑龙套而已。1599 年左右，他扮演过《皆大欢喜》里的老仆人亚当和《哈姆雷特》里的鬼魂。女性角色分派给了男孩来扮演，按照当时的生活条件，由于营养不良，男孩通常要到 16 岁左右进入变声期。因此，格特鲁德和奥菲丽亚分别由接受过严格训练、年龄最大的两个男孩来扮演。有意思的是，哈姆雷特在第二幕第二场嘲弄扮演"戏中王后"的那个男孩："啊，是淑女兼女主人吗？天哪，自从上次见你，小姐，你个子长高了一个鞋跟，更接近天堂了。我向老天祈求别让你的嗓音，像不通行的金币那样，环内破裂了，变成破货。"（黄国彬先生译文，下同）成人演员也经过良好的训练，除了表演技能外，他们还要学会击剑和徒手格斗，用以应付打斗场面，比如《哈姆雷特》的最后一场。

　　道具自然是不可或缺的。守卫艾辛诺王宫德卫士们手持长柄的戟（long-handled spear）；哈姆雷特见到父亲鬼魂时身上所佩的长剑；波伦纽斯通过雷纳多之手交给身在巴黎的雷厄提斯的钱和信件；派往挪威的两位使者沃提曼和科尼琉斯回来面见克罗狄奥斯时递交的文件，展示挪威王的请求；哈姆雷特写给欧菲丽亚的信，在第二幕第二场中波伦纽斯将这封信读给国王和王后听；哈姆雷特手中拿着的书，应对波伦纽斯为了弄清他是否真疯所做的试探。在舞台布景方面，第五幕第一场写到哈姆雷特与雷厄提斯在欧菲丽亚墓穴中扭打一场。剧中写到雷厄提斯跳进墓穴中为的是再抱一抱妹妹，在对开本和第一四开本都有演出说明，让雷厄提斯跳进墓穴中；第一四开本还有演出说明哈姆雷特在雷厄提斯之后也跳进了墓穴（Hamlet leaps in after Laertes），对开本则没有这条演出说明。所以在早期演出中，哈姆雷特跳进墓穴与雷厄提斯扭打了起来。问题是墓穴容得下两个人吗？有学者指出，莎士比亚时期的墓穴比现代的坟墓宽，也比现代的坟墓浅。也有学者认为这里的演出说明应该是雷厄提斯从墓穴中跳出来，与哈姆雷特扭打在一起（Laertes leaps out and grapples with him〈Hamlet〉）。这一场扭打戏在早期的观众看来是至关重要的，因为它反映了哈姆雷特的性格，哈姆雷特隐身一旁，观看欧菲丽亚的葬礼，见雷厄提斯跳进墓穴中大喊大叫，他立刻现身："何方人物，悲伤得 / 要这样呼号？凄惨的言词，/

叫运转的星辰像骇怖的 / 听众着魔骤停。我，丹麦王 / 哈姆雷特在此。"这几句台词所展示的是一个从容自如、真正有王者风范的哈姆雷特，他可以毫无惧色，冷静地面对雷厄提斯的进攻而毫不退缩。如此看来，第一四开本的演出说明是合乎逻辑的。

对于莎士比亚时期的观众而言，克罗狄奥斯犯下了数重罪行：杀兄和弑君，同时还有乱伦和通奸。按照鬼魂的说法，克罗狄奥斯是"乱伦通奸的畜牲！"他嘱咐儿子："要是你尚存孝心，就不要放过他；不要让丹麦的御榻变成泄欲的双人床，供人搞天厌的乱伦行为。"乱伦和通奸不只是违背道德的行为，已经是犯罪了。更有甚者，在当时的观众看来，实施犯罪行为之人的配偶也应在精神上遭受打击。鬼魂教导儿子如何对待其母亲："把她交给上天跟良心之刺吧。良心之刺会藏在她怀里，刺她蜇她。"哈姆雷特本人早就对母亲表示了不满，在第一幕第二场中，他这样说道："哎呀，坏起来也真快，就这样快捷地钻进乱伦的床褥！"哈姆雷特对叔叔自然更是充满了仇恨，在第三幕第四场中他这样告诉母亲："是凶手，是坏蛋，是奴隶……他是昏君之尤，是扒手，盗窃了帝国跟王权，从架上偷来宝贵的王冠，塞进口袋里……"这样的人不应该再活下去。当哈姆雷特看见克罗狄奥斯跪在地上祈祷时，他准备立即采取行动，拔出剑来，"是动手的好时机"。可是他很快又犹豫了，不是出于杀人的顾虑，而是他心中基督教的教义起了作用："可是他在祈祷。现在动手——这样做，他就会进天堂，我就报了仇吗？……啊，这样做，是酬劳，不是报仇。"所谓的"酬劳"就是杀了他等于将他送进了天堂。

在莎士比亚时期，基督教中的天主教和新教发生了分裂，新教不承认炼狱的存在。莎士比亚在《哈姆雷特》中显露出了对天主教的同情：

就这样，在睡眠中，我遭弟弟亲手
把生命、王冠、王后一瞬间夺去，
把我的罪孽盛开的刹那间砍掉。
未领受圣餐，未忏悔，临终未涂油，
未清还罪债，就送去跟上帝结账，
头上仍满布我的大小瑕疵。

原文"未领受圣餐"（unhouseled）、"未忏悔"（disappointed）、"临终未涂油"（Unaneled）都不是基督教的仪式。人死未经这些仪式就会死不瞑目，不得上天堂。Unhouseled 和 disappointed 在本剧中所具有的特殊意义在莎士比亚其他作品中没有出现过，而 unaneled 则完全是莎士比亚自铸之词。观众听到这些出自鬼魂之口的奇异之词，印象深刻，并且会引起强烈的共鸣。我们作为现代读者也对莎士比亚的用词及其用心深表钦佩。

（发表于 2020 年 11 月 17 日《上海书评》）

赫·乔·威尔斯、蔡氏姐弟和《世界史纲》

2008 年上海三联书店出版了英国著名作家赫·乔·威尔斯（Herbert George Wells，1866—1946）的《世界史纲》一书的中英文双语本，译者是蔡慕晖和蔡希陶。我在书店里看到此书，因为原著本身的吸引力加上两位译者是我乡贤，当即就买下了。回家后打开书仔细一看，发现此书并不是我所需要的那本。事情的原委容我慢慢道来。

一

赫·乔·威尔斯在英国文学史上不仅以创作小说尤其是科幻小说见长，同时也是社会思想家，还曾写过一部洋洋百万字的《世界史纲》(*An Outline of History*)，在中国史学界和普通读者中享有盛誉。关于威尔斯的小说创作，评论界意见纷纭、褒贬不一。持肯定意见的人认为，他给英国小说带来了新的活力，将不少新观念带进了小说领域；他的科学眼光和社会批判精神使人们通过小说认识到 20 世纪技术世界的危险与希望。另一方面却也有人认为，他的小说缺乏内在的统一性，刻画人物没有深度，人物的某些思想不是内心深处的体会，而是作者外加的议论。

对威尔斯的小说攻讦最为严厉的是另一位英国著名作家弗吉尼亚·伍尔芙（Virginia Woolf，1882—1941）。伍尔芙在《现代小说》和《贝内特先生和布朗太太》两篇文章里把威尔斯、贝内特、高尔斯华绥三位小说家称之为"爱德华时代（1841—1910）的人"，而把福斯特、劳伦斯、乔伊斯等作家称作"乔治时代（1865—1936）的人"。这样的区分并不仅仅是时间意义上的先后，而是"1910年12月左右人性发生了变化"（伍尔芙语），威尔斯等人恰恰不知道人性的变化。伍尔夫尖锐地指出，威尔斯们偏重物质，不注重精神；福斯特们则偏重精神，"不顾一切地揭示内心最深处火焰的闪光"。英国文坛必须与威尔斯们分道扬镳，才能免使英国小说的灵魂毁于一旦。伍尔夫认为威尔斯们缺乏想象力和创造性，是"只关注外部而不能深入到生活内部的艺术家"。他们热衷于堆砌细枝末节的事实，擅长井然有序地安排故事线索——这种创作手法是"幼稚的现实主义"。据先师侯维瑞先生《现代英国小说史》所述，威尔斯的小说主要分为三类：科学传奇、社会讽刺、阐述思想。伍尔芙所攻讦的小说主要是具有现实主义倾向的社会讽刺类小说。但诚如侯先生所言，威尔斯的创作在20世纪二、三十年代现代主义小说高涨时期受到了现代派作家的猛烈批评，但进入60年代以后，威尔斯的声望又有所回升，他的作品一直比较热销，即使在今天，他的一些代表作品，尤其是科学传奇类作品仍畅销不衰。

《世界史纲》一书叙述的历史，其时间跨度从地球形成、生物进化、人类出现到第一次世界大战为止，空间上则横跨世界五大洲。威尔斯曾受业于赫胥黎，所以他的史观是以进化论为根据的，认为历史的规律是前进，暂时的停顿只会加速人类不可抗拒的发展。威尔斯有感于第一次世界大战带给人类的巨大灾难，认为即便如此巨大的灾难也无法阻止人类进步的步伐，起意创作了这部《世界史纲》。

二

在我的家乡浙江东阳，一般以县城吴宁镇为界分为南北两部分，当地人称为"南乡"和"北乡"。我在家乡读书期间，老师们为了鼓励我们一心向学，常常提及两位科学家——"南乡"的严济慈和"北乡"的蔡希陶。关于家乡的风俗，我这里引胡朴安先生《中国风俗》里的记载：

明成化《东阳县志》：**士爱读书，大家子弟无不从师受学。有志者习举业，迟钝者亦求通章句，知礼仪之方。**

隆庆《东阳县志》：**俗居岩谷，不轻去其乡。以耕种为生，不习工商。富人雅好义举，大姓重门第，崇祀谱。士人能谈性命，登仕者多尚风节。**

近代以来，这些风俗，除了"不轻去其乡，以耕种为生，不习工商"之外，基本没有改变。蔡氏姐弟出生的虎鹿镇蔡宅村是一个有上千户人家的大村落，出了不少"读书人"，在家乡声望卓著。在蔡氏姐弟中，弟弟作为植物学家，比较为人所知。我问过不少在沪工作的东阳人，大多不知道姐姐蔡慕晖，所以有必要稍作介绍。

蔡慕晖（1901—1964），原名爱娟，号葵，别名希真、沐卉。她是复旦大学前校长陈望道先生的夫人。1922年，蔡慕晖毕业于金陵女子大学文理学院，1927年在上海大学英文系任教，同年担任中华基督教女青年会全国协会编辑和翻译，并兼任中华艺术大学英语教师。1930 年她与陈望道结婚，于当年农历 9 月 16 日在蔡宅村举行文明婚礼，曾轰动一时。1935 年 8 月蔡慕晖赴美国哥伦比亚大学主修教育哲学，次年获硕士学位，1937 年回国后投入抗日救亡和教育事业，1949 年 10 月在复旦大学进修俄语，1951 年 3 月担任复旦大学外文系系主任并教授英文，次年秋，任复旦大学外文系副教授，1964 年因病去世。

蔡希陶（1911—1981），1929 年考入上海光华大学，1930 年经姐夫陈望道介绍进入北平静生生物调查所任实习生，1932 年受调查所派遣到当时被称为"瘴疠之地"的云南考察植物，从此扎根云南从事植物学研究近 50 年，历任昆明植物研究所副所长、所长，云南省科委副主任、中科院昆明分院副院长等职，创建了中国第一个热带植物研究基地，对我国的植物学研究做出了重要贡献。

三

1927 年蔡希陶在上海立达学园就读期间，与当时在上海大学教英文的大姐蔡慕晖一起翻译威尔斯的 *A Short History of the World*。译本初名《世界文化史》，1932 年由上海大江书铺出版，1934 年开明书店再版，书名仍是《世界文化史》。

1927 年，商务印书馆出版了 *An Outline of History* 的中译本，题名《世界史纲》。这是该书国内最早的全译本。从版权页上看，译述者为梁思成、向达、陈建民、黄静渊、陈训恕等五人，校订者为梁启超、王云五、任鸿隽、秉志、徐则陵、朱经农、程瀛章、竺可桢、何炳松等十人。据王云五在译者序里介绍，此书是梁启超为了

让梁思成学习英文而嘱其译成中文的，梁启超亲加案语。后再托
向达、黄静渊、陈训恕、陈建民诸君依据最新原版（1923 年版及
1926 年版之一部分）重加译订。译完后又将本书前半部分与科学关
系较密者请秉志、竺可桢、任鸿隽、徐则陵诸君分校之，其余部分
则由何炳松、程瀛章、朱经农和王云五分任之，最后由何炳松总其
成。这部译著（下文称"梁译本"）经商务印书馆出版后在史学界
和广大读者中产生了巨大的影响。

　　A Short History of the World 的确切译名应该是《世界简史》，它
和《世界史纲》的内容不尽相同，但由于后者影响实在太大，普
通读者往往将两书混为一谈；加之英国文学史、英国文学百科全书
等介绍威尔斯时只提《世界史纲》，所以连学界人士也未必知道有
《世界简史》一书。

　　《世界简史》里有一篇作者原序，可以看出两书的不同："著
者的《世界史纲》内容更丰富、叙述更清晰，在阅读《世界史纲》
之前，本书也许是一种有用的准备。(It may be found useful as a
preparatory excursion before the reading of the author's much fuller and
more explicit *Outline of History* is undertaken.)"威尔斯说他写《世
界简史》的目的是"为了满足那些终日忙碌的一般读者的需求，这
些读者没有时间仔细研究《世界史纲》里的地图和年表，而他们
又很想重温那些逐渐淡忘或残缺不全的人类历史重大事件。(who
wishes to refresh and repair his faded or fragmentary conceptions of the
great adventure of mankind.)"威尔斯最后说到了两本书的区别：
《世界简史》不是《世界史纲》的缩略本，《世界史纲》已经无法缩
略了。这是一本重新计划和撰写的更为简要的《世界史纲》。(This
is a much more generalised *History*，planned and written afresh.)

四

至于两本书的中译，梁思成等的译本的影响自然要更大些，史学家雷海宗先生有一中肯的评价："韦尔斯《史纲》的译者都是精通英语擅长国文的人，他们的译品当然是极端有细心捧读详细审查的价值。汉译史纲大体与原文相符，文词的清顺也堪与原书比美，我除了佩服赞叹之外，再不敢置一词了。"钱歌川先生在《翻译漫谈》一书里在讲到翻译的最高境界时说："有时不为原文所囿囿，而能增减一二字，以求译文的通顺畅达，介乎直译与意译之间，也勉强可算是活译吧。"他举的例子就是来自梁译本《世界史纲》第四十章中的一段话：

England alone in the last three centuries must have produced scores of Newtons who never learnt to read，hundreds of Daltons，Darwins，Bacons，and Huxleys，who died stunted in hovels，or never got a chance of proving their quality. 单就英国而论，过去三世纪中，有牛顿之资而无读书之机会者奚止十数，有道尔顿、达尔文、培根、赫胥黎之才而终身戚戚于贫贱，不得一展其天赋之长者何止百数。

除了梁译本，迄今为止《世界史纲》一共有 12 个译本，其中较为著名的是吴文藻、冰心和费孝通三位先生的合译本。《世界简史》的中译本有多少，笔者没有去查，估计不会太多，因为较之《世界史纲》，它的影响实在有限。目前所知，《世界简史》在 20 世纪 30 年代尚有两个译本，分别是 1930 年昆仑书店出版的《世界文化史纲》，译者是朱应会；1931 年上海文华美术图书公司出版的《世界史要》，译者是谢颂羔和陈德明。陈望道先生给蔡氏姐弟的这本译著写过一篇短序，他在最后写道："至于译文，因为两位译者和我的关系很密切，我颇不便多说什么。但我应该说实话，它比亚东现有的两种译本——一种日译，一种中译——是忠实得多了。我颇欣幸他们这个译本，不日就可以和读者相见。"蔡氏姐弟的这个译本究竟何时更名为《世界史纲》？是上海三联书店的编辑不知《世界简史》和《世界史纲》根本是两本不同的书而搞错了？至于陈先生序言里提及的亚东版，译者是谁？书名为何？这些笔者一直都没有查到，期待高明告知。

（发表于 2020 年 9 月 18 日《金华日报》副刊"双溪"）

第四辑

杂忆与杂写

我的中学英语老师

  我差不多是从高中阶段才开始学习英语的，但真正懂得如何学习英语，还是进入高三以后的事。所谓懂得，也不过是有一点粗浅的认识而已。而有这点认识还要感谢我高二、高三年级时的英语老师。今年春节期间从友人处得知这位英语老师已于几年前去世了，当时听了一阵茫然。回忆起当年学习英语的点滴往事，老师的音容笑貌又浮现在了眼前。

  英语老师姓楼名茂盛，祖籍浙江东阳，大约是 20 世纪 30 年代初生人，出生于上海。关于楼老师早年经历的零星信息是他本人在课堂上提及的，我当年听课比较认真，又比较喜欢听逸闻趣事，所以至今仍记忆清晰。楼老师在上海读完中学，据他说他高二时就能用流利的英语训斥一名美国士兵在大街上的胡作非为，可见他在中学阶段就打下了坚实的英语基础。能用英语骂人确非易事，我学了半辈子英语，迄今还无法用英语骂人（当然也没有必要）。记得20 世纪 90 年代初读研究生时去旁听上外英语系陆佩弦教授讲授的约翰·弥尔顿（John Milton）一课，读到《失乐园》第三卷第 437 至 439 行：

But in his way lights on the barren Plaines

Of Sericana，where Chinese drive

With sails and wind theircany wagons light：

（但在飞行途中他却降落在

中国的荒原上：那里有中国人

挂帆借风驾驭他们轻便的滑竿。）

　　只见陆先生严峻的目光扫视了一下听课者，发问道：谁知道Sericana是什么意思？大家面面相觑，无人作答。先生有些不满了，指出这是"丝绸之国"也即"中国"之后，责备我们读书不够深入。他借题发挥说做老师的不能骂学生，即使要骂，用英语也不容易骂。当时听了陆先生的话，只是莞尔一笑，觉得以先生的英文修养要骂人并不难。后来读到梁实秋先生一篇散文，题目是"叶公超二三事"，说叶公超在某校任教时，邻居为一美国人家，其家顽童时常翻墙过来骚扰。叶先生不胜其烦，出面制止，顽童非但不听，反而恶语相向。于是双方大声叫骂，秽语尽出。其家长闻声出现，听到叶先生正厉声大骂："I'll crown you with a pot of shit！"（"我要在你头上浇一桶大便！"）那家长听了惊讶地问道：你这一句话从哪里学来的？我已经很久没有听过这样的话了，你让我想起了我的家乡！梁先生写道：叶公超把美国孩子们骂人的话都学会了，而且认为，学一种语言，一定要把整套的骂人话都学会，才算真正学到家。这是题外话，供君一粲，还是言归正传吧！

　　楼老师中学毕业后考取了哈尔滨外语学院俄语专业，20世纪50年代俄语是热门专业。关于大学生活，楼老师讲得不多，只说他的老师中大部分都是苏联人,同学中不乏后来成了名人或名人之妻的。有一件事至今记忆深刻,他说苏联红军当年在东北,军纪松弛,行为恶劣不堪。我当时听了极为震惊,大大颠覆了我之前对苏联红军的认知,开始明白书上所讲不可尽信的道理。

大学毕业后,楼老师被分配到了清华大学教俄语。1957 年被打入另册,原因据他说是为时任清华大学副校长的钱伟长先生讲了几句公道话,被人举报,因言获罪。但老师并无怨言,而是用诙谐的口气说:我现在如果去找钱伟长,他一定还会记得我的。

老师被遣送回上海,为了不使上海的亲人遭受无辜牵连,他毅然收拾好铺盖,只身(老师当时未婚,平反后才结的婚)回到了东阳原籍。随后就是长达二十年之久的农村生活,那时的农村生活相当艰苦。老师从上海、北京这样的大城市被打发回老家农村,落差之大可想而知。但老师仍然只字不提生活的艰难,只是说自己养了二十年的兔子和猪,对兔子和猪都很有感情。楼老师对养兔很有经验,曾经写成一本小册子,专谈养兔技术。谈及如何养猪,他又用诙谐的语气说道:我养猪无所谓技术,只将猪食往猪槽里一倒,用俄语招呼他们过来吃食,仅此而已。此话说得轻松,但让人听了总有一股说不上来的滋味。一位受过高等教育的知识分子,在那个反智的年代,被打发去了养猪,其情其景,夫复何言?

到了 1974 年和 1975 年左右,楼老师敏锐地感觉到了国内政治气候的变化,邓小平同志恢复了工作,搞治理整顿,各行各业出现了生机和活力。楼老师预感到自己的命运即将有所改变,他开始四处寻找书籍看,并让上海的妹妹给她寄《北京周报》和《新英汉词典》,决定重新学习英语。说起这本《新英汉词典》,老师后来给我们上课时常常随身带着它,时不时地翻看几页。现在想来,这部词典应该是 1975 年出版的初版，黑色封面，"新英汉词典"是几个银白色的字，这部了不起的词典令中国英语学习者终身受益。

果不其然，楼老师大约在 1978 年前后摘掉了"右派"的帽子，开始恢复工作，他被调入了一所中学担任英语老师。从此而后，楼老师在中学英语教师的岗位上一干就是几十年，直到退休。他以自己扎实的英语功底和广博的知识学问培养了一批又一批学生，他的学生中有不少后来都考上了外语专业，成了专业人才，我本人只是他众多学生中极为普通的一员。

坦率地说，我不是楼老师所得意的学生，因为如前所述，我英语学习起步较晚，基础较差，到了高二楼老师教我们时，我的英语成绩仍在班里垫底，每次考试总是在及格线附近徘徊。楼老师不会关注我这个成绩差的学生。然而，高二下学期的某一天，我当时的班主任兼数学老师蒋老师找我谈话，要我去找找楼老师，请教一下学习英语的方法。在蒋老师的敦促下，我硬着头皮去找了楼老师。战战兢兢地敲开了老师的房门，嗫嚅着讲明了来意，老师的第一句话就是当头棒喝：有人英语学不好不是智力问题，而是方法不对，说穿了是懒惰，不肯用功。我听了极为尴尬，站在那儿恨不得有个地洞可以钻下去。楼老师见我脸色难看，缓和了一下语气，继续说道：据蒋老师说，你数学学得很好，是数学课代表，那为什么英语学不好呢？数学好的人，逻辑思维能力强，语言学起来并不难。还听说你语文也学得不错，那就更没有理由学不好英语了。语文怎么学的，英语也怎么学。我没有什么建议，你回去想想我刚才说的话。回去后把初中六册、高中三册英语书后的练习做一遍，做完后拿来我看看。我悻悻地回到了教室，垂头丧气地坐在书桌前，把楼老师的一番话仔细想了想。说也奇怪，这番话仿佛有醍醐灌顶之效，让我一下子明白了其中的道理。对呀，我就用学语文的办法来学英语：多读多背。多背，就是把语文课本里的每一篇课文，无论文体、无论文白、无论长短，都熟读成诵。多读，就是把班级里订的报刊杂志，家里父亲买的几本鲁迅杂文集，都反复浏览。当时，我们班同学在语文老师吴老师的建议下，用不多的班会费订了几本杂志。吴老师总是鼓励我们多读书、勤写作。从此，我每天抽出时间来背单词、背课文。同时把课后的练习认真做了一遍，交给楼老师批改。通过一个学期的努力，到了高三下学期，我的英语成绩有了长足的进步，尤为重要的是，我对英语产生了浓厚的兴趣，最终决定高考时报考英语专业。

我之所以费了如此多的笔墨来回忆我的中学英语老师，首先是深切怀念楼老师，对他面临磨难和坎坷，不沉沦不气馁无怨言的顽强精神表示敬佩。其次是感叹中学老师在一个人成长过程中所起的重要作用，他或她对学生的点拨、指导都会改变学生的人生轨迹。最后是为我的学生们和外语学习者贡献我的一孔之见，通过我学习英语的经历，给予大家鼓励：无论外语基础有多差，无论起步有多晚，只要找到适合自己的学习方法，不轻言放弃，总会对它产生浓厚的兴趣。我不敢说自己已经学好了英语，对于语言学习而言，这是一个长期的过程。但我相信，一旦产生了兴趣，学好一切都有可能。

愿敬爱的楼老师的在天之灵安息。

（发表于 2020 年 3 月 21 日《文汇报》"笔会"）

文章发表后，读者的反响颇为强烈：有的说一位优秀中学老师足以改变学生的一生；有的对楼老师在那特殊时期所遭受的磨难表示同情，同时也对楼老师身处逆境仍自强不息表示钦佩；还有的指出文中说 1978 年摘"右派"帽子不确，应该是 1976 年；更多的是曾经接受过楼老师教育的家乡的学子们看了拙文后均感动不已。楼老师的两个子女也留言说他们看了文章后更了解父亲了，他们为父亲感到骄傲。

回忆侯维瑞教授

  过了五十岁之后，常常会想起过去的人和事，这也许是人之常情。白天想到这些人和事，晚上就会梦见他们。我从来不失眠，也很少做梦；可是最近一入睡就会做梦，梦见我的父母，我的老师，还有不同时期的同学和朋友。而我的博士导师侯维瑞教授则几乎天天都会梦到，每次梦醒之后，总会感到惊奇：二十多年前的往事历历如在目前，侯先生的音容笑貌竟会那样的清晰、那样的详细！先生不时入梦来，莫非跟我近来一直在阅读先生著译的书籍有关？还是在提醒我疫情期间禁足在家须不忘多读书勤写作？

  侯先生招过的博士生数量不多，加在一起不过十来人。我能忝列先生门墙，与有荣焉。而我可以说是先生所招学生中唯一从入学到毕业全程跟随他的学生，按古人说法，整整三年得以从先生游。在我之前和之后入学的同门正好碰上侯先生不在国内，我同一届的何伟文师姐（现为上海交通大学外语学院教授）就读期间怀孕生子离开过一段时间。不过，我虽是侯先生全程参与培养的学生，却也是他所有弟子中最没有出息的，每念及此，心中不免惭愧不已。

  侯先生是教育部批准的博导，早在 20 世纪 80 年代中期就有招收博士生的资格。据先生生前告知，他招收的第一个博士是原杭州大学的教师潘大安教授（现供职于美国一所大学，大概也到了退休年龄了。）我是1995年开始攻读英语语言文学的博士学位的，当时先生刚从国外回来不久，我还不认识先生，只读过他撰写的两部专著《现代英国小说史》（我国著名的英语文学研究专家、北京外国语大学教授王佐良先生生前对侯先生这部著作十分欣赏，曾在多个不同场合跟多人提及，说此书对读者了解现代英国小说助益良多）、《英语语体》和一部译著《华盛顿广场》，还有发表在各大学术刊物上、用英语撰写的文章，但对他精深的学问却是心仪已久了。我之决定报考博士，是在我的硕士导师、英美戏剧研究专家汪义群教授的鼓励下才下定决心的。我硕士毕业留校，与汪义群教授成了上外语言文学研究所的同事。与侯先生的第一次见面还是汪老师亲自带我去的，也是汪老师替我介绍情况、说明我继续深造的理由等，也许是汪老师说了我许多好话，他的溢美之词给侯先生留下了初步的印象，侯先生竟一口答应，同意我报考他的博士生。

报名时要提交硕士论文和已发表的科研成果，侯先生仔细阅读了我的硕士论文（硕士论文后来退还本人，我看到页边空白处有大量的评论和批注，均出自先生手笔）《中国新时期小说中的黑色幽默意识》，以及我1994年发表在《外国文学研究》和《中国比较文学》上的两篇论文，还有发表在《外国文艺》上的译作。读后先生约我见了一面，先是讲了一番鼓励的话，随后话锋一转提醒我说：**做学问要静得下心、耐得住寂寞，板凳要坐十年冷，要做到心无旁骛。**他让我回去好好准备，多练习英文写作。我这时大胆地向先生说出了自己的顾虑，怕二外考试通不过。他便问我二外学的是什么，我回答说大学期间学过两年的日语，研究生期间学过一年法语，但两门外语都只是懂点皮毛，经不起考试。先生略为沉吟了一下，说道：你先好好准备，到时再看情况吧。这个情况就是我二外差了几分没有及格，侯先生得知后专门去研究生部说明原因，最终让我顺利地获得入学资格。行文至此，请允许我旁逸斜出一下。我担心二外考试通不过也跟汪义群老师提起过。汪老师二话不说，带着我去拜访了当时担任西方语学院院长后来又担任上外校长的曹德明教授，曹校长具体给了我什么建议已经不记得了，只记得他说了一句：二外法语不是我命题的，即使是我命题也不能告诉你什么，回去好好准备吧。我之所以提及此事，是不敢忘却这两位老师的提携之恩，他们是我为人为师的榜样，永远值得铭记。

我入学后，侯先生不辞辛劳，凭借一己之力为我们开设了三门课：《现代英国小说》《20世纪西方文论》和《英美短篇小说欣赏》。**每次上课师生互动频繁，先生讲课的风采至今记忆犹新，语言的流利和精准令我啧啧称奇也自叹不如。**课经常是从早上八点钟一直上到中午十二点钟，课后去食堂用餐，饭菜都已凉了，而且也所剩不多。即便如此，我们也不觉得苦和累，反而乐在其中。我博士毕业后即给全校的本科生开设了《20世纪西方文艺流派和文艺思潮》的通识课，不能不说是得益于侯先生在我读博期间的悉心传授。而其中的《英美短篇小说欣赏》一课于我助益尤大，侯先生每讲完一个短篇小说就要求我翻译成中文，并写一篇赏析文章。译文由先生详加修改润色，直到他满意为止。接着他建议我向各大学术刊物投稿。我陆续投了四篇译文和评论文章，分别发表在《外国文学》、《名作欣赏》和《译林》等杂志上，也由此而结识了这些杂志的编辑，后又发表了几篇文章。可以说，这是侯先生手把手教会了我翻译和写作，引导我走上了从事翻译和研究的学术之路。非但如此，侯先生发现我是可造之材后，不遗余力地推荐我为上海译文出版社和南京译林出版社翻译英美长篇小说。我走上文学翻译之路，侯先生作为导师就是引路人。

为了拓宽我们的知识面，侯先生还出面邀请了上外其他语种的文学教授给我们讲授各个国家的作家作品。受邀给我们讲课的有：德语的余匡复教授、法语的陆楼法教授、俄语的冯玉律教授、西班牙语的施永龄教授、意大利语的张世华教授等，这些教授都学有所长，讲课都十分生动，是上外师资力量的一时之选。这系列讲座使我受益无穷，老师们的言谈举止、音容笑貌令我永生难忘。

一年半的课程结束了，随后是论文撰写阶段。首先是论文选题，侯先生要求我们选题前大量阅读原著，我是在阅读了大批英国二战后的小说之后确定研究战后英国的"愤怒的青年"作家作品的。我记得，小说原著和相关的研究资料都是侯先生借给我的。他之前为了准备撰写《当代英国小说研究》在国外期间收集了大量资料，据他自己讲，他回国时通过海运带回了四十多箱书籍。有了这些书籍和资料，我很快就拟定了论文的大纲，经过与侯先生几番修改，最后动笔撰写。撰写过程中，侯先生要求我写完一章即送给他看一章，一章内容往返几回才最终写定。论文全部完稿后，先生又让我修改了三遍，这些修改稿上都有先生的批注，有的批注下语颇为严厉，nonsense 是先生常用的批语。我现在自己做了导师，但从来不敢在学生论文上下这样的批语。我也问过学生，如果我也有类似的批语他们会觉得怎么样，他们大多回答难以接受。但这一撰写论文的过程，不仅使我的英文写作水平有了较大的提高，而且培养了我的逻辑思维能力，从中也让领略了侯先生地道准确的英文表达水平。

二十多年前的博士论文答辩不像现在这样轻松，那时答辩前论文需要经过十位专家评审通过，再由其中的五位专家组成答辩委员会。我的五位答辩老师分别来自复旦和华师大，其中有去年刚刚过世的《三国演义》的英译者虞苏美教授。近三个小时的答辩总算顺利通过，结束后侯先生又把我叫去，提出了进一步的要求。他说，博士论文只能算是学术生涯的开始，之后要对英美文学作深入的研究。他要我撰写《英国小说史》一书的部分章节，同时严肃地告诫我不能依赖导师，要开展独立的学术研究。他鼓励我申报课题，我的上海市哲学社会科学青年基金项目《庞德与中国文化》就是在他的鼓励、设计和推荐下申报成功的。

正当我全力投入课题研究和撰写、想要不时请益之际，侯先生不幸罹患恶疾，并最后终于不治而离我们而去。我失去了一位学术上的导师，也失去了一位经常在生活上给我以指导的长辈。侯先生的不幸去世，留给了我巨大的悲伤和无尽的思念。

以上所述，是我零星想到的，像梦境般不成系统，却也集中反映了侯先生作为导师教书育人的诸多优点，值得我们今天做导师的学习和继承。我们今天需要像侯先生这样的导师。

（发表于 2020 年 7 月 11 日《文汇报》"笔会"）

关于王文显先生

温源宁《不够知己》(又译《一知半解》)里的"王文显先生"(Mr. John Wong-Quincey)是一个颇为能干的人:"没有他,清华就不是清华了。有了他,不管清华还会再有多少变革,也依旧是清华。"(Without him, Tsing Hwa will not be Tsing Hwa. With him, Tsing Hwa, in spite of all the transformations it has gone through, will still be Tsing Hwa. 南星译文,略有改动,下同,参看《一知半解及其他》,辽宁教育出版社)。1928 年 8 月,南京国民政府议决清华学校改为国立清华大学,还在清华学校时期,王文显当过教务长、副校长和代理校长;1929 年 9 月,王文显受聘清华大学外国文学系主任。担任外文系主任期间,凭借他的能力和威望,外文系没有出现过任何麻烦,温源宁认为他是一位理想的系主任。由此可见,王文显绝对是一个行政干才。作为个人而言,王文显做人做事勤勤恳恳、一丝不苟;在家是好丈夫和好父亲,他有两个女儿,在外是好公民。他兴趣广泛:园艺、网球、足球、打猎都称得上是行家里手。据鲲西先生《王文显:一个戏剧家,从牛津到清华》(收入《清华园感旧录》,第 57 至 63 页)一文中所写,王文显曾经用漂亮的英文写过一本名为 *Confessions of a Hunter* 的小册子，由当时著名的别发书店（Kelly & Walsh）出版，这书名不由得令人想起英国散文家托马斯·德昆西（Thomas De Quincey）的《瘾君子自白》（*Confessions of an English Opium-Eater*），从他给自己取的英文名字和所写的书的名字不难看出，王文显是德昆西的崇拜者。不过，温源宁在文章中也指出了王文显的两大不足之处。作为老师，他是不合格的。他在课堂上马马虎虎、冷冷淡淡（There he is perfunctory and phlegmatic）：他给人的印象几乎像是一个长老会的牧师在主持葬礼。那感觉是疲乏的努力和单调的拘束（There is a sense of weary effort，and monotonous constraint）。温源宁写道："下课铃一响，王先生便欣然离去，他的学生们呢，我想，也怀有同感（When the hour-bell strikes，Mr.Wong-Quincey is glad to go away；and，I think，his students，too，reciprocate his feeling in the matter.）。" 作为剧作家，他的名剧《委曲求全》在艺术手法、戏剧技巧和舞台演出上都取得了巨大成功，然而在成功背后，观众却并没有感到满足，甚至对剧作家本人也心怀不满，原因是剧作缺乏观众时刻惦记着的那股人情味（the something human）。温源宁认为，只要缺乏了那股人情味，观众就会不时地对剧作家报以哄笑了。鲲西文章中也把王文显剧作引起众人不满意归结为：缺少人性，太冷酷。之所以如此，是因为剧情涉及权力斗争，而权力是罪恶的象征。王文显以犀利的笔调展现了人和人之间的勾心斗角和一切卑劣无耻的勾当，作为剧作家，他却置身事外退隐在幕后。

那么，王文显究竟算不算一个合格的老师呢？王文显教过的学生们是怎么看待这个问题的呢？首先，我们来看看季羡林在其自传中的回忆："我先从系主任王文显教授谈起。他的英文极好，能用英文写剧本，没怎么听他说过中国话。他是莎士比亚研究专家，有一本用英文写成的有关莎翁研究的讲义，似乎从来没有出版过。他隔年开一次莎士比亚的课，在课堂上念讲义，一句闲话也没有。下课铃一摇，合上讲义走人。多少年来，都是如此。据老学生说，讲义基本上不做改动。他究竟有多大学问，我不敢说。他留给学生最深的印象是他充当冰球裁判时那种脚踏溜冰鞋似乎极不熟练的战战兢兢如履薄冰的神态。""下课铃一摇，合上讲义走人"与温源宁文章中所写完全吻合。鲲西在其文章中也写道："王先生讲授'莎士比亚'这门课，据他的学生讲，他是拿着早就预备好的笔记本当堂照读的，下课铃一响合上讲稿就走了。"不知道文中"他的学生"是否就是季羡林。季羡林在其《清华园日记》1932 年 12 月 13 日中还记道："上王文显的班真是相当的讨厌，把手都抄痛了。"王文显确实算不上是合格的老师，讲课不能吸引学生。话讲回来，据笔者所知，早年英国牛津和剑桥的教授授课都是这个风格：写好讲课笔记，所写当然是经过缜密思考的独到见解，然后照着笔记逐字逐句念，一直念到下课。王文显自幼赴英，在牛津大学接受教育，估计讲课风格师自牛津的教授。

再来看看王文显另一个学生曹禺的回忆。据《苦闷的灵魂——曹禺访谈录》："王文显教莎士比亚，但他总是讲那些考证之类的东西，听起来很死板枯燥，我不喜欢这样的课。他是西洋文学系的主任，他十分喜爱戏剧，研究戏剧，创作戏剧，但是讲起课来就不灵了。应当感谢他的是，他为西洋文学系为清华图书馆买了不少外国戏剧的书，当然是外文的。我就是看他买的戏剧书，钻研戏剧的。在大学读书，光是靠教课的先生是不行的，必须自己去找先生，图书馆里就有大先生、老先生。""我记得《雷雨》问世后，王文显在上海，还特意给我写了一封信来，从上海寄到南京，大概那时他已经到圣约翰大学教书去了。"（107—108 页）需要说明一下，据《曹禺年谱长编》第 98 页记载：1934 年 7 月 1 日《文学季刊》第 1 卷第 3 期全文刊载《雷雨》。王文显是 1937 年抗战军兴后离开当时的北平到了上海的，任教于圣约翰大学。所以，如果曹禺的记忆无误，王文显看到《雷雨》应该是在 1937 年之后了。

　　李健吾也是王文显的学生，他还是《委曲求全》（*She Stoops to Compromise*）和《梦里京华》（*Peking Politics*）的中文译者，他在为《梦里京华》作所的跋里写道："我所能够说的，仅仅是王文显先生并不冷酷，至少我陆续读到他的长短作品这样告诉我。"李健吾不仅翻译了这两个剧本，而且还参加剧团工作，亲自参加演出。他在文章最后是这样评价老师的："中国不少剧作家，做过他的学生。但是他本人，酷嗜戏剧，过的却是一个道地的教书生涯，习惯上虽说不是一个中国式的书生，实际上仍是一个孤僻的书生而已。"（《李健吾译文集》第十二卷，上海译文出版社）张骏祥给《王文显剧作选》写的序中没有对王文显的上课作任何评价，只是说："在今天的话剧圈子里，知道王文显先生的人恐怕不多了。但是清华大学外国语文系毕业的同学中，后来从事剧本的创作和演剧活动的，如洪深、陈铨、石华父（陈麟瑞）、曹禺、杨绛，还有我，都听过他的课，我们对西洋戏剧的接触，大约都是从此开始的。"抗战胜利后，张骏祥还去上海的圣约翰大学校园里看过王文显。

　　关于李健吾对王文显的尊师之情，同为清华外文系毕业生的常风在"追怀李健吾学长"（载《逝水集》，辽宁教育出版社，1995 年版）一文中回忆道："上海沦陷期间，健吾曾翻译了清华大学西语系教授兼系主任王文显先生写的一篇英文剧《北京政变》（译名《梦里京华》），他自己组织上演而且还参加了演出。健吾在出国之前就译过王先生用英文写的另一篇剧《委曲求全》并在北平出版。可惜王先生不能用中文写剧又不喜交游，他的剧虽曾在美国上演过而且获得好评，但在国内，除了清华大学圈儿里，很少有人知道王文显其人。王先生一生研究西洋戏剧，又是一位莎士比亚专家。七七事变后他携带一家人跑到上海，后来健吾知道了去看望，才知道王先生生活窘困。健吾于是翻译了这个英文剧又积极组织上演，拿所得的上演税送给王先生贴补家用。经过健吾的翻译和剧本的演出，王先生才逐渐为文学界和话剧界知道。这都是健吾介绍翻译之功。王先生是健吾在大学读书时受益最多的老师，又曾指导他研究戏剧艺术和舞台技巧。健吾可谓无愧于师门了。"（28—29页）

最后说说王文显的另一个学生陈铨，王文显是陈铨学业上的重要引路人。尽管王文显讲课枯燥乏味，如牧师主持葬礼般"疲乏""单调"而"拘束"。但陈铨却不以为意，学得津津有味，乐此不疲。陈铨在《我的戏剧学习经验》一文中回忆道："那是我在清华学校最后一年了，我已经决心学西洋文学，我选了王文显教授两个课程，一个是西洋戏剧，一个是莎士比亚。王文显先生要算是中国对西洋戏剧最有研究的学者，一直到今天我还想不出任何人可以比得上他。他聪明的解释，巧妙的分析，令我对于西洋戏剧，感觉无穷的乐趣。"（转引自孔刘辉《陈铨评传》，人民文学出版社，2020年版，第38—39页）陈铨日后写道："王文显，清华时我最佩服的先生。他教我戏剧，在戏剧理论方面，他偏重技巧的形式主义，深刻地影响了我，至今尚难摆脱。"（39页）

看完学生们对王文显的评价和回忆，让我们再回到前面那个问题：王文显究竟算不算一个合格的老师？我想答案是不言自明的。

不过，在没有学生评教的当年，王文显即使上课再枯燥乏味，凭借他对西方戏剧的精湛研究（没有写成著作和论文）和自己不多的戏剧和小说创作，大约也不至于落得个"非升即走"或被末位淘汰的下场。关于王文显最终的人生结局，李健吾在《王文显戏剧选》的"后记"中有所交待：抗战胜利后，王文显一家去了香港，投靠在香港开银行的一位兄弟。他的两个女儿成人后定居美国。至于王文显什么时候去世，李健吾也不得而知。但据张骏祥回忆："全国解放后我又回到上海，他夫妇已经去了美国找他们的两个女儿。""文化大革命"前听说他已经在美国逝世。张骏祥最后写道："王文显先生是用英文写剧本的老一代的中国剧作家，我看中国话剧史上也不该漏掉这位在北方默默无闻的戏剧开拓者。"

（发表于 2022 年 3 月 3 日《文汇报》"文汇学人"）

陈寅恪先生的"三不讲"和"四不讲"

从微信朋友圈里看到一篇题为"大学、大师、大学校长"的文章，作者不详。文章在"大师"一节中提到了陈寅恪先生，引用了陈先生讲过的一段话："前人讲过的，我不讲；近人讲过的，我不讲；外国人讲过的，我不讲；我自己过去讲过的，也不讲。我只讲未曾有人讲过的。"看了这段话觉得似曾相识，我印象中好像有人在文章里提到过陈先生的"三不讲"，于是上网去查了查，发现既有"三不讲"也有"四不讲"，文字表述上略有差异，内容大致相同。关于"三不讲"，鲁先圣在香港《大公报》上撰文说，陈先生奉行"三不讲"主义："书上有的不讲，别人讲过的不讲，自己讲过的也不讲"，有人因此亲切地称之为"三不讲"教授。这里所谓的"三不讲"从逻辑上来说是讲不通的或者不够严密的，这三者不能并列，尤其是"书上有的"和"别人讲过的"有时可以是一回事。不管陈先生是否讲过"三不讲"或"四不讲"，有一点毋庸置疑：陈先生的讲课和他的治学一样，讲究出处，不人云亦云，讲自己的心得体会，每次讲课的内容都有不同。这一点可以引听过陈先生课的许世瑛在《敬悼陈寅恪老师》一文中的话为证："他讲课都是讲他的心得和卓见，所以同一门功课可以听上好几次，因为内容并不相同。"陆键东在《陈寅恪的最后二十年》一书中对"师者"的陈先生有过高度的评价："不相欺，岂止是陈寅恪对莘莘学子的一种尊重，同时还是陈寅恪对师者这一称号的无限赤诚。"陈寅恪从 1926 年以导师身份进入清华学校国学研究院到 1958 年 7 月被迫停课为止，在讲台上为中国的教育事业服务了三十二年之久。据听过陈先生课的学生们回忆，陈先生授课一如他做学问，几近"无一字无出处"，每一个观点都是他独到的心得体会，课堂上讲授的这些观点大多都是他尚未公开发表的学术成果。由此看来，陈先生讲课确实是做到了言人之所未言，不蹈袭，不盲从。

　　那么陈寅恪先生到底是否讲过"三不讲"或"四不讲"之类的话呢？我翻遍了手头收藏不多的关于陈寅恪的几种书籍，诸如汪荣祖的《陈寅恪评传》、蒋天枢的《陈寅恪先生编年事辑》、陈氏三姐妹的《也同欢乐也同愁》、钱文忠编的《陈寅恪印象》、张求会《陈寅恪丛考》以及卞僧慧的《陈寅恪先生年谱长编》，都没有找到这样的说法。只是在《陈寅恪先生年谱长编》"附录一"中卞僧慧追忆陈先生 1935 年秋在"晋至唐史"一课开课时（第一堂课开课时间为 1935 年 9 月 23 日）对课程所做的解说，有如下一段文字（《陈寅恪先生编年事辑》第 93 页也有同样的记载）："本课程通史性质，虽名为晋至唐，实际所讲的，在晋前也讲到三国，唐后也讲到五代，因为一时代的史实不能以朝代为始终。（卞按：是年十月三日学校通告：本课程改为"晋南北朝史"，下学年开"隋唐史"。）……每星期二小时，在听者或嫌其少，在讲者已恨其多。其原因有三：一则以自己研究有限，自己没有研究过的，要讲就得引用旁人的研究成果与见解（包括古人的与今人的），这些都见于记载，大家都能看到，不必在此重说一遍；一则是有些问题确是值得讲，但一时材料缺乏，也不能讲；一则是以前已讲过的也不愿再重复，所以可讲的就更少了。现在准备讲的是有新见解，新解释的。"从课程说明里的这段话可以见出：后人总结的所谓"四不讲"似乎是无中生有的杜撰；而后人总结的所谓"三不讲"，揆诸陈先生原意，不妨改为："别人讲过的不讲；自己讲过的不讲；自己没有研究过的不讲。"

（发表于 2020 年 9 月 22 日《新民晚报》"夜光杯"）

有趣的东阳方言

很多年前在《新民晚报》"夜光杯"上读过一篇谈方言的文章，依稀记得文章提到了东阳方言中的"汗出喷天"，形容一个人因天热而大汗淋漓的样子，颇为传神。

东阳市位于浙江省中部，其方言属吴方言的一部分，但它呕哑嘲哳难为听，即便是同属吴方言区的人也不容易听懂它。东阳方言中保留了大量的古汉语词汇或者"雅言"，比如我们称"筷子"为"箸"（发音略有不同），请人帮忙、托人干活叫"浼人"，说"看"是"望"，说"很"是"甚"，等等。今天要说的是东阳方言里一句在其他吴方言里没有的表达方式。小时候，经常听到父母或其他大人训斥不听话的小孩："我跟你说了多少遍了，总是记不住，就像是水浇鸭背！""水浇鸭背"的表达方式很形象，在农村生活过的人都有经验：鸭子在水里游，它的背是不湿的，水经过鸭背很快就消失了，不留下任何痕迹。英语里居然有几乎完全相同的表达方式，这不免让我这个一直在学英语教英语的东阳人感到有些惊喜了。英语词典里表明这是不算正式的表达方式（informal expression），接近于我们所谓的方言。Like water off a duck's back. 词典里的解释是：

（警告、建议等）毫无影响，不起作用；被当作耳旁风。记得有一年参加上海市高考英语阅卷，有一个考生在作文里用了这句英语表达，旁边一位阅卷老师问我是否见过这样的表达方式，我一见之下不由得大声惊呼：这可是地道的表达！

我们乡下还有一句类似歇后语的俗话："黄胖搡年糕，吃力不讨好"，这句话在绍兴地区应该也流行，因为我曾在周作人的文章里见过，只不过他用的是"黄胖舂年糕，吃力不讨好"，仅一字之差。这句话用来形容或评价某些人的行为是颇为恰当的。乡下有一种病，称作"黄胖"，极似医学上所谓的浮肿病。病人胖而黄，表面看上去很健康，很茁壮，可就是浑身乏力，而搡年糕又是需要格外用力的活儿，年糕是用糯米制成的，很粘，用来搡的工具是石杵，有相当的分量。一个"黄胖"之人自不量力，去做一件力不从心的工作，其结果自然是"吃力不讨好"。于人于工作两边都没有好结果，吃力的是人，不讨好的则是人和工作。用周作人的话来说：这里人和工作两相结合，可谓相得益彰，老百姓的滑稽实在是十分可以佩服的了。

东阳方言中还有一句骂人的话："破脚骨"，说的是横行乡里、鱼肉百姓的地痞流氓之类的角色。一个人如被骂为"破脚骨"，那意思就是：他是流氓，他的所作所为在法律上是违法的，在社会上名声也不好，可是他有一点可取的地方，就是崇尚义气和勇气，颇有古代游侠的味道。上海话里没有听说过，我小时候在家乡常听人说起，现在似乎也不大有人说了，原因自然是这类人没有了存在的社会基础。读周作人《知堂回想录》，发现绍兴话里也有完全相同的骂人话，这里不妨抄一段《知堂回想录》（二四）"几乎成了小流氓"一节中的话，形象地说明了什么是"破脚骨"："一个人要做流氓，须有相当的训练，与古代的武士修行一样，不是很容易的事。流氓的生活里最重要的事件是挨打，所以非有十足的忍苦忍辱的勇气，不能成为一个像样的'破脚骨'。大流氓与人争斗，并不打人，他只是拔出尖刀来，自己指他的大腿道，'戳吧！'敌人或如命而戳一下，则再命令道，'再戳！'如戳至再三而毫不呼痛，刺者却不敢照样奉陪，那就算大败……"，"破脚骨"就是这样炼成的，从此确立了在同行流氓中的地位。

（发表于 2021 年 2 月 8 日《新民晚报》"夜光杯"）

"可怜"一词有七义

　　"可怜天下父母心"是大家耳熟能详的一句俗语，据说最早出自慈禧太后为其母亲富察氏祝寿所作的一首诗：世间爹妈情最真，泪血溶入儿女身。殚竭心力终为子，可怜天下父母心。诗自然算不上是好诗，不然早就流传开去了，乾隆皇帝写过一万多首诗，也没有一首传世的。以他们这样的身份写诗，诗写得再蹩脚，也不会有人苛责。不过，"可怜天下父母心"一句倒是时至今日尚广播于人口，只是大多数人不知作者是谁。

　　记得读中学时，语文老师一再告诫我们：这里的"可怜"不是作形容词用的"值得怜悯"，也不是作动词用的"怜悯"，而是"可爱"的意思。我还记得当时住在学校，经常有学生父母送米、菜和其他生活用品到学校，语文老师乘机发挥说："父母为了你们能考上大学，不辞辛劳送来米和菜，天下父母对子女的拳拳之心是多么可爱啊。"我当时听了就产生了疑问，为什么一定是"可爱"呢？"天下父母对子女的拳拳之心是多么可贵啊"也讲得通吧？课后惴惴不安地去请教老师，老师沉吟片刻解释道："怜"有"爱"的意思，"怜"和"贵"则没有关系。一直觉得老师的解释不无道理，后来上了大学读的是外语专业，忙于记单词背课文，疏于母语的学习和提高，平时不去注意汉语中一些字词的理解。直到后来接受了一项政治任务，要翻译国家领导人引用过的经典表述，包括古诗词和广为流行的俗语等，突然发现很多平时自以为理解的词句翻译时竟然无从下手了，一下子产生了"本领恐慌"！于是开始补课，阅读一些古诗词的笺释笺注本和有助于提高古汉语及古典文学修养的书籍，几年下来竟也颇有斩获。我曾不揣浅陋，将阅读所得写成一些短文，承蒙编辑不弃，这些拙文都在《上海书评》上发表了。王力先生主编的《古代汉语》四册花了一年多时间通读了一遍，张相先生编撰的《诗词曲语辞汇释》、杨树达先生的《高等国文法》《古书句读释例》和《词诠》、俞樾等著的《古书疑义举例五种》、徐仁甫的《广古书疑义举例》以及郭在贻的《训诂丛稿》和张永言的《训诂学简论》《词汇学简论》和《语文论集》等虽不能通读，但置于手边供随时翻阅察看之用。这样一顿恶补，虽也收到了一定的效果，但终非长久之策，我深知要切实提高古汉语和古典文学的修养非一日之功，需持之以恒、坚持不懈。

　　话题扯远了，回到对"可怜天下父母心"的理解上来。王力主编的《古代汉语》里说：自唐朝以来，"可怜"二字连用，有三种意义。一，可怜，值得怜悯。杜甫《哀王孙》诗："腰下宝玦青珊瑚，可怜王孙泣路隅。"二，可爱。杜甫《江畔独步寻花》诗："东望少城花满烟，百花高楼更可怜。"三，可羡。杜甫《题终明府水楼》诗："可怜宾客尽倾盖，何处老翁来赋诗。"我查了哈佛大学荣休教授宇文所安的杜诗英译，发现他把"可怜王孙泣路隅"译为：a pitiable young prince weeps at the roadside. "可怜"译为 pitiable 准确无误；"百花高楼更可怜"：the tall building, the "Hundred Flowers", is even more attractive. 将"可怜"译为 attractive，与"可爱"(loveable，lovely) 庶几近之；而把"可怜宾客尽倾盖"里的"可怜"译为 moving (感动)，则与"可羡"(enviable) 有不小的距离了。

　　张相先生的《诗词曲语辞汇释》里列有"可怜"条目，共举出了六种意思：可喜，可爱，可羡，可贵、可重，可惜，可怪。为了便于理解，我斗胆做一回文抄公，将六种释义及读者较为熟悉的诗句例子抄录于后，并略作解释说明。可怜作可喜义者，王昌龄《萧驸马宅花烛》诗："可怜今夜千门里，银汉星槎一道通。"说的是萧驸马娶了帝王之女，其可喜之情犹如牛郎织女银汉故事也。白居易《曲江早春》诗："可怜春浅游人少，好傍池边下马行。"言可喜游人尚少，得以傍池闲步也。其作可爱义者，怜有爱义，崔颢《王家少妇》诗："舞爱前溪绿，歌怜子夜长。"钱起《谷口书斋》诗："竹怜新雨后，山爱夕阳时。"此两例说明怜与爱互文，怜可作爱解，可怜即可爱。王维《戏题磐石》诗："可怜磐石临泉水，复有垂杨拂酒杯。"此言磐石临泉之可爱。李白《清平调》诗："借问汉宫谁得似，可怜飞燕倚新妆。"此言赵飞燕着新妆之可爱。杜甫《又于韦处乞大邑瓷碗》诗："君家白碗胜霜雪，急送茅斋也可怜。"此言白碗之可爱。仇兆鳌《杜诗详注》里说："先说得珍重可爱，因望其急送茅斋。"解释相同。宇文所安的英译：send some quickly to my thatched study，for they are worth cherishing (值得珍藏)，没有译出白碗可爱之义。又杜甫《韦讽录事宅观曹将军画马图》诗："可怜九马争神骏，顾视清高气深稳。"此言神骏之可爱也。宇文所安译为：It is touching how those nine horses compete in divine pride，their turning glances are noble and pure，their tempers deep and steady. Touching 有"感人的，动人的"之义，未必是"可爱"。其作可羡义者，怜有羡义，李商隐《饮席戏赠同舍》诗："珠树重行怜翡翠，玉楼双舞羡鹍鸡。"怜与羡互文见义，故可怜即可羡。白居易《长恨歌》诗："姊妹弟兄皆列土，可怜光彩生门户。"此羡杨家之贵盛也。金性尧先生《唐诗三百首新注》："杨贵妃受册封后，大姊嫁崔家，封韩国夫人；三姐嫁裴家，封虢国夫人；八姊嫁柳家，封秦国夫人。宗兄杨铦封鸿胪卿，杨锜封侍御史，杨钊（国忠）尤显赫，任右丞相，封魏国公。"他们都得以分封了领地（列土），其贵盛足以令人羡慕。但金先生将"可怜"解释为"可羡，可爱"，显得模棱两可，"可爱"之义在此似可商榷。其作可贵、可重义者，韩愈《庭楸》诗："客来尚不见，肯到权门前。权门众所趋，有客动百千。九牛亡一毛，未在多少间。往既无可顾，不往自可怜。"此言不往权门者之可贵也。王安石《过刘贡父》诗："故知今有可怜人，回首纷纷斗筲窄。"此言见可贵、可重之人，乃知斗筲之人为小器也。又王安石《白云》诗："时来不道能为雨，直以无心最可怜。"此言白云无心之可贵也。可怜，犹云可惜也。韩愈《赠崔立之》诗："可怜无益费精神，有似黄金掷虚牝。"此言可惜枉费精神而无益也。又韩愈《榴花》诗："可怜此地无车马，颠倒青苔落绛英。"言可惜无游人来赏花，任其谢落也。苏轼《罢徐州往南京马上走笔》诗："可怜洪上石，谁听月中声。"言可惜无人听洪上水声也。陆游《示儿》诗："齿落头童方悟此，乃翁见事可怜迟。"言可惜见事已迟也。可怜，犹云可怪也；引申之则为甚解，犹云很也，非常也。杜甫《解闷》诗十二首之第十一首："翠瓜碧李沉玉甃，赤梨蒲萄寒露成。可怜先不异枝蔓，此物娟娟长远生。"先，本来之义。意为可怪者本来同为枝蔓所生之果实，而远地生者偏美也。宇文所安英译后两句为：Too bad they had not from the start thought such vines and branches rare—this thing is so lovely always growing far away. 如果把 too bad 译为 rather strange 或者 surprisingly 就更好了。李商隐《贾生》诗："宣室求贤访逐臣，贾生才调更无伦。可怜夜半虚前席，不问苍生问鬼神。"此怪汉文不问苍生而问鬼神也。叶葱奇先生《李商隐诗集疏注》对此诗有详解：这是借"贾生"来抒写怀才不遇之感的。拿汉文帝的求贤和贾生的才调竟然还不能相知，不能用其所长，这岂不是使人感叹无尽吗？商隐深负经世之志，但平生所遇相赏之人都只爱重他的文采，纯然把他当作专擅笔墨的文士看待，这是他一向郁郁不舒的憾事，所以借贾生来倾吐一下，"问鬼神"不过是借来抒发不遇真赏的感叹而已。诗人有经世之志，而所谓的相赏之人却不知，这岂非咄咄怪事！陆游《平水》诗："可怜陌上离离草，一种逢春各短长。"此怪青草之同是逢春，而生长的短长却各不同。

结合王力《古代汉语》和张相《诗词曲语辞汇释》两书来看，"可怜"二字有七种意义不同的解释，我们回过头来解释"可怜天下父母心"，我觉得这句话里的"可怜"解为"值得怜悯""可爱""可贵"似乎都无不可，没有必要胶柱鼓瑟，只局限于"可爱"一解。

最后顺便一提，张相先生的《诗词曲语辞汇释》一书，不仅为治古汉语和古典文学者所看重和倚重，而且也为从事文学创作者所欣赏和喜爱，记得孙犁先生曾经说过："张相那本《诗词曲语辞汇释》，我以为很有用，没事翻翻，对创作有好处。"说得极为中肯。

（发表于 2022 年 3 月 11 日《文汇报》"笔会"）

"人间正道"和"雄关漫道"

　　据上海电视台综合新闻报道，为了庆祝建党一百周年，繁荣戏剧市场，上海近日成功举办了"首届长三角城市戏剧节"的第一场活动。报道说在随后的活动中将陆续推出九部大戏，其中包括史诗话剧《雄关漫道》。看罢新闻，我不由得回想起早些年看过的同名电视剧《雄关漫道》，同时还有名为《人间正道》的电视剧和电影。

　　《人间正道》是由中国电视剧制作中心于 1998 年推出的 26 集电视剧，讲述了中国共产党人在国企改革和反腐倡廉过程中排除一切艰难险阻，创造出人间奇迹的故事，展现了一幅气势磅礴、波澜壮阔的生活画卷。2014 年，电影《人间正道》由黑龙江省委宣传部和八一电影制片厂等六家单位联合摄制完成，讲述了抗日战争时期党中央为了粉碎国民党的经济封锁，决定在延安开展大生产运动，同时还叙述了军民鱼水情、领袖对延安人民的关怀等情节。《雄关漫道》则是央视于 2006 年推出的 20 集电视剧，表现了以贺龙和任弼时为领导的红二方面军从 1934 年到 1936 年间在长征途中艰苦卓绝的斗争经历。

　　如所周知，《人间正道》和《雄关漫道》的片名均取自毛泽东诗词，前者是《忆秦娥·娄山关》一词中的"人间正道是沧桑"；后者是《七律·人民解放军占领南京》中的诗句"雄关漫道真如铁"。但这两个片名却都误解了毛泽东诗词的含义，我印象中早就有学者指出了其中的错误所在。著名新闻人和学者范敬宜先生在其《总编辑手记》一书中有三篇文章分别讲了毛泽东诗词中一些诗句的理解和误解问题，其中讲到"漫道"不是"险道"，而是诗词中常见的动词用法，意思与"莫道"、"休道"类似，所以"雄关漫道真如铁"应该理解为"漫道雄关真如铁"。"漫道"一词在古诗词中常见，比如杜甫《绝句三首》"漫道春来好，狂风太放颠，吹花随水去，翻却钓鱼船"；王昌龄诗《送裴图南》："漫道闺中飞破镜，犹看陌上别行人"；辛弃疾《江神子》词《侍者请先生赋词自寿》："漫道长生学不得，学得后，待如何？"都是"莫道"之意。《现代汉语词典》第六版也收了"漫道"一词，解释为"不要说；别说"。还有学者指出诗人之所以采用倒装句式，是为了满足诗词格律的要求。"漫道"二字都念去声，按照"忆秦娥"的词牌要求，这一句应是"平平仄仄平平仄"，于是改成了"雄关漫道真如铁"，这样才合辙押韵。有意思的是，1976年商务印书馆出版的《毛泽东诗词》英译本里将"漫道"译成 idle boast，意为"夸口说"，似乎也欠妥。范敬宜先生还指出，"人间正道是沧桑"中的"正道"也并非与"歪道"相对，指"正确道路"的意思；而是"正说是"的意思。所以原句应该是"正道是人间沧桑"，"正道"也是动词，意思是"正说是人间沧桑"。同样也是为了合辙押韵的需要，使用了倒装句式。"正道"还有一种理解是"正在说"，"人间正道是沧桑"就是"人们正在谈论这个沧桑巨变"，"是"的意思是"这"，我觉得也讲得通。

　　电视剧、电影和戏剧作品的编辑导演们可能以为毛泽东诗词中的这两个"道"是"道路"的意思，故截取了"人间正道"和"雄关漫道"作为片名，难免"望文生义"之嫌，用范敬宜先生的话说"这都是由于不懂诗词用语常识造成的"。对于文字工作者而言，懂一点古诗词的常识还是十分有必要的。

　　　　　　　　（发表于 2021 年 5 月 6 日《新民晚报》"夜光杯"）

后　记

　　英国十八世纪大文豪塞缪尔·约翰生博士有一次与他的传记作家詹姆斯·鲍斯威尔闲谈，鲍斯威尔提到他于近日拜读了博士的某篇文章，表示极为钦佩。但博士却摇头叹息道："阁下说得没错，只可惜未能装订成册啊。"美国著名藏书家、书评作家爱德华·纽顿也说过："一篇刊登在杂志上的文章，和同一篇出现在装订好的书本里的文章有着天壤之别。"他为自己的书能装订成册感到欣喜。我很同情约翰生博士，为纽顿感到高兴的同时，也为自己的文章能够结集成册感到幸运。收在这本集子里的文章都是我最近两年写成并在一些报纸杂志上发表过的。我是一名大学英语教师，主要从事英美文学的教学和翻译工作，所以文章都是关于英语学习和翻译的，两篇怀念老师的文章也在此列。这些文章都不是什么高头讲章，谈不上有多少独到见解，更无所谓高明之处，只不过是平时学习和教学过程中积累的一些心得体会而已。结集之际，我想到了《礼记·学记》中的"学然后知不足，教然后知困，知不足然后能自反也，知困然后能自强也"。故命名为《知困集》。这两年因为新冠疫情肆虐，除了去学校上课，我禁足在家几乎很少出门，读书写作的时间较之以往大有余裕，因此当大洋彼岸的朋友感叹 The pandemic has narrowed our horizons 时我则不无欣喜地想说 The pandemic has widened my horizons。尤使我感到欣慰的是，文章发表后读者的反响比较热烈，赞赏者有之，溢美者也有之，当然也不乏批评者，对此我均深表感谢。

　　除了热心的读者外，我还要向这些师友表示由衷的谢意：我的同事郑新民教授，是他首先邀请我给他的英语学习和研究平台写文章，这个平台拥有大量的读者和听众，影响很大，文章刊出后得到英语教学和研究界同行们的认可并推荐给了北京外国语大学的《英语学习》杂志。《英语学习》的主编侯毅凌教授和编辑张玮老师曾数次向我约稿。《文汇报》资深编辑陆灏先生是我素来敬佩的学者，他的《东写西读》《看图识字》《听水读钞》和《不愧三餐》等著作及大量散见于报纸杂志上的文章都是我反复阅读和学习的，读他的文章感觉"既有趣又有料"，这也成了我写这些文章的标准，只可惜离这个标准尚有较大的差距。他的为人处世也是值得我学习的，我冒昧地请他为拙著题写书名，他爽快地答应了，这一笔漂亮的楷体字为拙著增色不少。《上海书评》的编辑郑诗亮先生，博览群书且颇具真知灼见，常让我有"后生可畏"之叹，他那句"吴老师的文章我们都会用的"让我既感到温暖，同时也受到激励。上海图书馆的祝淳翔先生自己写得一手好文章，考证功夫之深令我极为拜服，他不但帮我查找资料还为我斟酌文字，最后还把我的文章推荐给了《新民晚报》的史佳林先生和《南方周末》的刘小磊先生。史、刘两位都是编辑，同时也是文章高手，我拜读了他们的文章，为他们能接受我的并不高明的文章所表现出来的雅量感佩不已。上海译文出版社编审、《外国文艺》副主编李玉瑶女士是我译著的编辑，对工作严谨认真，她向我约稿的方式是给我寄杂志，推荐杂志中的好文章。我大学期间的翻译课老师周林东先生、我的硕士研究生导师汪义群教授，他们是我这些文章的第一读者，文章见报前后都曾发给他们看过，他们提出了不少中肯的修改意见，他们是我从事学术研究和文学翻译的领路人，是我一生的良师益友。上海译文出版社的编辑顾真先生，他虽是我的学生，但我们的关系在师友之间，他于我助益良多，我异常珍惜我们之间的友谊。我曾经有机会给国内多所大学做过有关英语学习、教学和文学翻译等方面的讲座，集子里的有些文章就是在这些讲座内容基础上修改而成的，其中著名翻译家、浙江大学教授郭国良先生曾多次邀请我去浙大讲学，浙大的老师们参与了讲座后的讨论，冯全功、许国梁、卢巧丹、杜磊等老师的意见和建议，为这些文章最后成文贡献不小。杭州电子工业大学的熊颖哲博士看了拙文后将其中关于翻译的内容纳入她的教学之中，也使我倍感鼓舞，深表荣幸。

还要感谢我所在单位的领导、老师和同事们，他们阅读、修改、转发我的文章，没有他们的鼓励和督促，很难想象我会坚持写下去，他们是：姜锋、史志康、王光林、王腊宝、孙胜忠、杨春雷、顾悦、耿强、张绍铎、刘思远、程心、孙艳、陈琦、孙璐、李磊、肖一之、曹思宇、庄驰原、杨祎辰和高立新等。

最后要特别感谢上海时代教育出版研究中心的庄智象教授，他对我关爱有加，约我参加学术研究和外语教学项目，这本集子也是他推荐给上海三联书店的总编辑黄韬先生的，借此机会也向上海三联书店的黄韬先生和殷亚平女士表示感谢。

走笔至此，我想起了英国诗人拜伦的一句话：The end of all scribblement is to amuse（所有的涂鸦终究只为博君一粲），但愿我的这些涂涂写写能带给读者朋友一点快乐。我在这些文章撰写、发表和结集出版的过程中享受了无穷的快乐，但我深知，一本书到底有没有人读才是真正的考验。写作带给了我快乐，我希望这种快乐能一直持续下去，但倘若哪天写作的乐趣不再，我自会乖乖地金盆洗手，去寻找其他的乐趣。

图书在版编目(CIP)数据

知困集/吴其尧著.—上海:上海三联
书店,2022.8
  ISBN 978 - 7 - 5426 - 7809 - 6

  Ⅰ.①知⋯   Ⅱ.①吴⋯   Ⅲ.①英语-教学研究-高等学校
②英语-翻译-研究   Ⅳ.①H319.3 ②H315.9

中国版本图书馆 CIP 数据核字(2022)第 147766 号

知困集

著   者 / 吴其尧

责任编辑 / 殷亚平
装帧设计 / 吴 昉 东田师
监 制 / 姚 军
责任校对 / 王凌霄

出版发行 / 上海三联书店
     (200030)中国上海市漕溪北路 331 号 A 座 6 楼
邮   箱 / sdxsanlian@sina.com
邮购电话 / 021 - 22895540
印   刷 / 商务印书馆上海印刷有限公司

版   次 / 2022 年 8 月第 1 版
印   次 / 2022 年 8 月第 1 次印刷
开   本 / 890mm × 1240mm 1/32
字   数 / 150 千字
印   张 / 6.5
书   号 / ISBN 978 - 7 - 5426 - 7809 - 6/H・117
定   价 / 58.00 元

敬启读者,如发现本书有印装质量问题,请与印刷厂联系 021 - 56324200